本书为国家自然科学基金重点项目(项目号：71632002)和重大研究计划集成项目(项目号：92146003)成果

中国智造

领先制造业企业模式创新

张志学 马力 ◎ 主编

Intelligent Manufacturing in China

Innovations of Leading Manufacturing Enterprises

北京大学出版社

PEKING UNIVERSITY PRESS

图书在版编目(CIP)数据

中国智造:领先制造业企业模式创新/张志学,马力主编.—北京:北京大学出版社,2022.7

(光华思想力书系)

ISBN 978-7-301-32991-7

Ⅰ.①中… Ⅱ.①张…②马… Ⅲ.①制造工业—工业企业—企业创新—研究—中国 Ⅳ.①F426.4

中国版本图书馆CIP数据核字(2022)第073177号

书 名	中国智造:领先制造业企业模式创新 ZHONGGUO ZHIZAO: LINGXIAN ZHIZAOYE QIYE MOSHI CHUANGXIN
著作责任者	张志学 马 力 主编
责任编辑	贾米娜
标准书号	ISBN 978-7-301-32991-7
出版发行	北京大学出版社
地 址	北京市海淀区成府路205号 100871
网 址	http://www.pup.cn
微信公众号	北京大学经管书苑(pupembook)
电子邮箱	编辑部 em@pup.cn 总编室 zpup@pup.cn
电 话	邮购部 010-62752015 发行部 010-62750672 编辑部 010-62752926
印 刷 者	涿州市星河印刷有限公司
经 销 者	新华书店
	720毫米×1020毫米 16开本 16印张 232千字 2022年7月第1版 2023年11月第3次印刷
定 价	68.00元

未经许可,不得以任何方式复制或抄袭本书之部分或全部内容。
版权所有,侵权必究
举报电话:010-62752024 电子邮箱:fd@pup.cn
图书如有印装质量问题,请与出版部联系,电话:010-62756370

前言
Preface

2016年，我们申请的课题"转型升级背景下组织创新的多层因素及动态机制研究"（71632002）获得国家自然科学基金重点项目的资助。那时中国企业的转型升级已经启动，我们立志整合宏观、微观的研究范式，建立战略、组织和行为之间的联结，揭示中国若干企业在转型升级过程中的管理实践，并进行理论的总结、提炼和升华。在开展课题研究的过程中，我们课题组成员调研了数十家制造业企业，并深度研究了其中的部分企业。例如，张志学和仲为国获得成都飞机工业（集团）有限责任公司（以下简称成飞）的大力支持，深入研究企业相关文档和海量的二手资料，揭示了成飞数十年来的发展历程，2018年完成了一本二十多万字的专著，也通过了成飞专家委员会的评审并获得其肯定。只不过由于中美关系变化导致的敏感问题，该书并未能付梓出版。马力和张闫龙深入研究了京东方的跨国并购、战略选择与实施等，相关成果已经以管理案例的形式呈现出来。

为了让北京大学光华管理学院的师生和国内同行了解课题的部分研究成果，我们在2021年8月25日举办了"北大管理论坛"。此次论坛的主题是"智造模式：中国制造业的创新"。出于疫情防控的原因，此次精心准备的论坛最终改为在线上举行。本课题的参与者都来自北京大学光华管理学院组织与战略管理系，由张建君教授担任系主任的该系是此次论坛的承办单位之一。为了应对技术、经济环境等变化的挑战，北京大学光华管理学院在七个系之外还设立了三个交叉学科平台，鼓励不同专业背景的教员合作探讨管理创新、大数据、人工智能等重要问题。其中由张志学担任召集人的管理创新交叉学科平台是此次论坛的另一个承办单位。

在此次论坛上，我们邀请了九家领先制造业企业的高管分享他们在转型升级过程中的管理实践。这些高管来自隆基、京东方、成飞、海尔、美的、三一、陕鼓、鱼跃、共享装备。本书收录了部分嘉宾在论坛上的演讲内容，同时也收录了我们就七家企业所撰写的调研文章。我们原本计划收录成飞高管的演讲，并将张志学所撰写的文章《成飞迈向智能制造的历程》收录进来，让读者了解承担大国重器制造的企业当年是如何励精图治开启智能化制造的。不过，在与成飞方面沟通后，我们觉得此次仍然不便收录这些内容。再次留下遗憾。由于课题组没有针对鱼跃开展系统而深入的研究，本书暂时也没有收录该公司的高管演讲。

呈现在各位读者面前的这本书，除编者和作者以外，还有很多人做出了贡献，我们特别表示感谢。感谢演讲嘉宾分享本企业的卓越实践；感谢国家自然科学基金委员会管理科学部副主任刘作仪研究员和北京大学光华管理学院院长刘俏教授拨冗在论坛上致辞；感谢北京大学光华管理学院组织与战略系主任张建君教授主持会议。感谢本书各章每一位作者的倾情付出。此外，感谢北京大学光华管理学院博士生王延婷和梁宇畅帮助整理书稿，感谢北京大学光华管理学院行政中心龚小艳副主任及其团队为论坛的召开所做的细致工作。

张志学　马　力
2022 年 7 月

目 录
Contents

第一章　面向智能制造的创新：中国企业的机遇　　张志学　马　力　/ 1

第二章　海尔：打造共赢生态　/ 25
  海尔变革：战略与结构的协同进化　　　　　　　　曹仰锋　/ 25
  为用户增值，创共赢生态——卡奥斯助力制造工业数字化升级
  　　　　　　　　　　　　　　　　　　　　　　　谢海琴　/ 42

第三章　美的：持续战略升级　/ 46
  持续创新服务客户：美的的智造之路　　　马　力　王延婷　/ 46
  做世界的美的——双轮驱动，全球突破　　　　　　王建国　/ 62

第四章　京东方：永葆创新激情　/ 68
  "立世三心"：京东方不断创新的精神力量　　　　　马　力　/ 68
  创新发展，数字赋能——京东方数字化实践分享　　张　羽　/ 84

第五章　三一：构建数字化生产　/ 89
  数智化时代制造大厂的"绝地求生"　　　　王　政　张建君　/ 89
  三一集团数字化转型的思考与实践　　　　　　　　陈立军　/ 115

第六章　隆基：重构产业链布局　/ 122
  "过剩论"者的坚持与创新　　　　　　　　张志学　王　路　/ 122
  我和隆基的二十年　　　　　　　　　　　　　　　李振国　/ 159

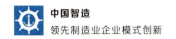

  从李振国看隆基的"性格"   杜红格 / 168

  "国"光结缘，此生同行   冯晓靓 / 174

第七章 陕鼓：推动智慧能源 / 179

  陕鼓变革十六载   张志学 / 179

  看见未来才有未来——服务型制造是中国制造业产业升级的战略选择

                           印建安 / 205

第八章 共享装备：引领绿色制造 / 208

  造大国重器，引行业创新   马 力 王延婷 / 208

  聚焦铸造 3D 打印产业化，助推产业绿色智能转型升级

                           杨 军 / 223

第九章 企业家的身份认同与企业发展   张志学 王延婷 / 230

第一章
面向智能制造的创新：中国企业的机遇[①]

张志学　马　力

智能制造是当今全世界最受瞩目、对社会影响最为深远的创新领域。"工业4.0""先进制造伙伴（AMP）计划"等聚焦智能制造的口号，吸引了众多中国企业跃跃欲试。当然，也有很多企业担心自身尚不具备转型的条件，或者希望对智能制造乃至对中国企业能否创新等更广泛的问题产生更深刻的理解，希望看到更多的业界经验。

我们与若干位同行对此进行了深入的研究，并在本书中展示了一些阶段性成果。我们聚焦中国若干家高科技制造业企业的案例，希望这些优秀企业不断创新、迈进智能制造的实例能够给业界一些启示。

我们希望在本章中提炼对这些案例的理论思考。这些优秀制造业企业不断创新，在智能制造领域各有斩获。我们认为，这些企业的成就昭示了当前中国企业在创新领域的独特机遇。这些机遇包括两方面：其一，智能制造代表了一个重要的、阶段性的技术变革，而中国企业可以利用这一契机，不再身处国际竞争中"后来者"的劣势地位。其二，中国经济发展的大环境，能够为企业进行智能制造转型带来优势。"天时"与"地利"让众多企业获得了进入智能制造领域的机遇，也为全世界的管理学研究提供了新的视角。

[①] 本章涉及的研究得到国家自然科学基金重点项目"转型升级背景下组织创新的多层因素及动态机制研究"（71632002）的资助。

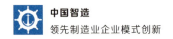

一、关于创新的理论：从学习西方到尝试独创

关于企业创新的研究有很多，各种理论层出不穷。不过，与管理学的其他领域乃至其他学科的很多领域类似，有重大影响的理论基本上来自发达国家的学者针对发达国家企业实践的总结和提炼。中国学界过去几十年来在学习西方理论上投入的精力远远超过对独创本土理论的追求。如今，中国企业的创新实践为学者提出原创理论奠定了基础。

在创新领域，影响力最大的要素理论涵盖个人层面的创造力（creativity）和企业层面的创新（innovation）（Amabile et al., 1996）。这一理论认为，企业层面的创新受到三个要素的影响——组织创新的动机、创新的资源、有助于创新的管理实践。换句话说，这三个要素是创新的必要条件。第一个要素是组织创新的动机，即组织有真实的动力去创新（而不是整天想着去"挖深护城河""躺着收钱"），这样才有可能去做有创新价值的工作。第二个要素是创新的资源，即组织需要拥有技术、资金、人才等起码的基础，作为创新活动的起点和支撑。第三个要素是有助于创新的管理实践，包括恰当的工作方法、集思广益、获取新想法、落实新方法等。

以创新要素理论为代表的比较有影响力的创新理论都产生于发达国家。它们在解释当今中国众多企业（如本书所展示的七家企业）如火如荼的创新热潮时，仍然有明显的不足。已有创新理论能够解释这些企业在创新动机、资源与工作方法上对创新的贡献，但是我们认为特别重要的环境因素被忽略了，而环境代表了企业创新的机遇。这种机遇并非由企业为自身所创造，但是企业可以通过识别、理解、抓住这样的机遇，迅速行动，借此实现自身的快速转型，走向成功创新的道路。

可能是出于下面这两个原因，类似的理论创新没能发生在发达国家。

第一,发达国家在过去两三代人的时间里,整体的环境比较稳定,"环境"不是一个重要的"变量"——当环境的变化比较小时,研究环境就没有重大的意义。然而,在过去几十年里,中国动态、多变的环境构成了企业创新能否实现的一个重要因素。第二,宏观的创新和微观的创造力两个领域之间的对话不多,两个领域所应用的理论、概念、模型经常有明显的区分。比如,哈佛大学的心理学家特雷莎·阿马比尔(Teresa Amabile)是为数不多的同时研究微观和宏观两个层面的学者,但她本人参与的实证研究只侧重研究个人而不是企业的创新。

当今中国的环境为中国企业的创新提供了独特的机遇。正如哈佛大学教授迈克尔·波特(Michael Porter)所说,企业必须充分利用其所在国家的"人力和其他资源","最大限度地汲取该国独特的历史和特征中的资源"(Porter, 1990)。我们认为,对于今天中国的环境,企业家们如果要从事与智能制造相关的企业创新,有时间和空间两大类的机遇。很多企业因为抓住了这两类机遇,已经实现了创新。

二、中国企业的创新:无须妄自菲薄

关于中国企业的创新,包括在智能制造方面的创新成就,一直存在妄自菲薄、貌似深刻的"反思",认为中国缺乏创新,只会抄袭、跟随、模仿乃至侵犯先进企业的知识产权。其实,中国的科技创新取得了举世瞩目的成就,从过去的"跟跑",到今天的"并跑",在部分领域已出现了"领跑"趋势(见表1.1)。

十九大报告中,习近平总书记指出,"创新是引领发展的第一动力"。创新关系到我国能否解决当前社会主要矛盾,实现到2035年跻身创新型国家前列这一战略目标。然而,很多人并没有关注到中国企业创新发展所处的历史背景与面临的独特挑战，比如中国企业处于世界创新价值链的低端环节，长期的意识形态竞争导致先进技术封锁、后发优势薄弱等。中国企业的创新所带来的生产力变化必然导致生产方式和生产关系的改变，进而引发社会价值创造和价值分配模式的变化。在此宏观经济转型和产业升级的背景下，从创新生态体系、产业升级路径、企业创新战略、员工创新动力等角度，研究组织创新的多层次影响因素和多阶段动态机制，探索中国企业创新的路径，对构建企业创新的管理理论具有重要意义。

表 1.1　中国与美国当代科技成就对比

科技领域	美国	中国
卫星导航系统	GPS	北斗
有源相控阵雷达	有	有
超高音速飞行器	试验中	试验中
空间站	美俄等 16 国共用国际空间站	天宫
太空探索	探测器登陆火星	天问一号登陆火星
芯片	Intel、AMD	龙芯、华为麒麟
操作系统	Windows、iOS、安卓	鸿蒙
电信	思科	华为、中兴
4G 标准	FDD-LTE	TD-LTE
搜索引擎	谷歌	百度
电子商务	亚马逊、易贝	阿里巴巴、京东
社交媒体	脸书、推特	微信、微博
汽车	通用、福特、克莱斯勒	奇瑞、吉利、长城
电动汽车	特斯拉	比亚迪
手机	苹果	华为
高铁	无	有
大飞机	波音	C919
液晶显示	无	京东方等多家

学习先进经验、自力更生搞创新，一直都是中国的做法。中华人民共和国刚刚成立之际，确定了若干重大战略项目，吸引海外人才回国，也调动全国的科技人员重点攻关、相互协作，在苏联援助的基础上不断钻研探索，先后攻克了"两弹一星"、核潜艇、飞机等国防重器的设计与制造中的技术难题，在很短的时间内取得了世界科技和军事强国所取得的成就。改革开放以来，随着科研经费和科技人才的增长，中国的科学技术取得了更大的突破和发展。

以近几年受到关注的一些成果为例：2017年，首颗高轨道高通量通信卫星"实践十三号"、首颗大型硬X射线空间探测卫星"慧眼"成功发射，北斗导航全球卫星系统组网双星首次成功发射；2018年，首颗电磁监测试验卫星"张衡一号"成功发射；2019年，"嫦娥四号"探测器成功着陆在月球背面，标志着人类首次实现月球背面软着陆；2020年，中国自主研发的水陆两栖飞机"鲲龙"AG600成功实现海上首飞；2021年，时速600公里的高速磁悬浮交通系统完成了系统集成与联调并正式下线。

科技的创新和进步体现在经济发展中。中国的制造技术正在升级换代，刻蚀机、离子注入机等关键制造装备总体水平达到28纳米。截止到2020年，全国4G用户总数达到12.89亿户，5G基站总数超过71.8万个。自主研发的新一代高速铁路技术世界领先，截至2020年年底，中国高铁运营总里程达3.79万公里，占世界高铁总里程的69%。中国已经全面掌握特高压输变电技术，实现关键设备国产化。大功率风电机组和关键部件、晶硅和薄膜太阳电池设计制造等关键技术取得突破，风能和光伏产能累计装机容量均居世界第一。除此之外，中国的新能源汽车市场产销量也创历史新高，2020年分别达到2 522.5万辆和2 531.1万辆。

中国的科技正在各个重要领域取得突破。超级计算机是能够执行普通电脑无法处理的大量资料以及高速运算的电脑。自1993年起，美国与德国超级计算机专家联合编制了全球超级计算机500强榜单，每半年发布一次。2010年，中国制造的"天河一号A"荣登500强榜首。后来，"天河一号A"被日本的超级计算机"京"和美国的超级计算机"泰坦"超越。2013年，"天河二号"成为世界上最快的超级计算机。2015年，因美国拒绝向中国出售超级计算机芯片，"天河二号"升级遭遇困境。在2016年的榜单上，"天河二号"未能蝉联冠军，取代它的是使用中国自主芯片的"神威·太湖之光"。在接下来的三届500强榜单上，"神威·太湖之光"与"天河二号"始终包揽冠亚军。2018年6月，美国的"顶点"夺得冠军，"神威·太湖之光"和"天河二号"分别位列第二和第四。截止到2019年，中国入围的超级计算机数量为226台，占入围计算机总量的份额超过45%。

随着中国科技发展水平的提高，超级计算的应用在广度和深度上也在加强。1987年设立的"戈登·贝尔奖"（Gordon Bell Prize），被称为"超级计算领域的诺贝尔奖"，主要颁发给在高性能应用领域取得最杰出成就的团队，通常由当年500强排行中名列前茅的计算机系统的应用获得。2016年之前，美国和日本垄断了该奖项长达近三十年。但是，中国的超级计算应用团队在2016年、2017年连续夺得"戈登·贝尔奖"；2020年的"戈登·贝尔奖"获得团队是由中美科学家共同组建的。在2021年11月18日于美国举行的全球超级计算大会上，中国超级计算应用团队凭借"超大规模量子随机电路实时模拟"再次夺得"戈登·贝尔奖"。

总之，经过数十年的持续发展，中国拥有了全面而扎实的科技基础，并达到了较高的水平。不断增长的研究和开发投入使得中国的科技水平迅速提升，虽然与美国仍有很大差距，但差距正在不断缩小。美国国家科学基金会发布的《美国科学与工程指标2020》（*The State of U. S. Science & Engineering* 2020）报告显示，中国已经成为世界第二研发大国，研发投入、高技术制造增加值等均居世界第二位,科学和工程类论文产出数量达到世界第一位。

科学技术要转化为生产力,必须经历从基础研究到应用研究再到开发研究的过程。因此,虽然在短时间内前述的诸多研发进展尚未产生实际的推动作用,但基础研究积累到一定程度就会推动技术的进步。根据2020年美国国家科学基金会发布的报告,从很多方面的指标中都可以看出中国科技的进步。比如,2018年全球知识和技术密集型产业增加值超过3.2万亿美元,中国占全球总量的21%,居世界第二位。2001—2014年间,中国高技术制造增加值增长了10倍。2010—2019年间,中国在全球百台最强大的计算机中所占的份额从5%上升到9%。目前,在智能终端、无人机、电子商务、云计算、互联网金融、人工智能等领域,一批具有全球影响的中国创新型企业已经崛起。

中国企业的创新也在迅猛发展。以专利数据为例,在世界专利授予上最具影响力的是五大知识产权局,包括欧洲专利局、日本特许厅、韩国特许厅、中国国家知识产权局和美国专利商标局。根据世界知识产权组织(WIPO)2021年11月8日所发布的《2021年度世界知识产权指标报告》(World Intellectual Property Indicators 2021),五大知识产权局在2020年共受理327.7万件专利申请,其中中国专利申请为150万件,占全球专利申请总数的45.7%,排名世界第一。截止到2020年年底,中国的发明专利有效量为305.8万件,其中境内(不含港、澳、台地区)的发明专利有效量为221.3万件,每万人发明专利拥有量为15.8万件。此外,中国与智能制造(也被称为第四次工业革命)相关的专利增长势头强劲。2010—2018年,中国相关技术专利申请数量的年均增长率为39.3%,是全球平均增速的两倍。中国国家知识产权局发布的《2020年中国专利调查报告》显示,2020年中国有效发明专利产业化方面,企业的有效专利产业化率为44.9%,远远

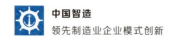

高于高校和科研单位。

事实证明,对于国际学界和商界关于"中国能创新吗"这一问题,中国可以做出一个肯定的回答(Powell & Steptoe, 2005)。因此,关于中国创新我们首先进行了事实上的认定,接下来进行理论上的探索。从理论原因上,我们认为,在已有的国际理论之外,机遇是中国企业创新独特的因素,下面分别从时间、空间两方面来阐述。

三、机遇中的时间因素("天时"):当下的创新时机

在过去百余年建立起来的管理学理论中,时间并不是一个重要的考虑因素,却是事物发展变化中最核心的要素之一,深刻的理论必须充分考虑时间因素(Mitchell & James, 2001)。当理论构建忽略时间因素时,往往会对理论所涉及的环境、变量等进行过于简单的假定。近年来引起学者们关注的事件系统理论(event system theory)也明确提出,有些情况下偶发的事件很可能会对管理学所关注的内容有更加明显、深远的影响(Morgeson, Mitchell, & Liu, 2015)。为实现管理学理论的创新,我们既要关注中国企业的丰富实践,也要采用比较新颖的思考问题的角度。

对创新来说,时间因素体现为"天时"。经济、科技、管理等各个领域都存在这一规律:某项行动是否能够取得期待的结果,其所发生的时间因素显然不可忽略。比如,组织架构上的科层制只有在企业所应用的技术和生产规模达到一定程度时才会流行、有效;智能制造也只有在工业生产的自动化程度达到相当的水平时才可能发生。

如今的"天时"成为中国企业迈向智能制造、实现创新的一个非常好的条件。我们从以下四方面分析"天时"的作用。

(一) 产业革命契机：智能制造处在"风口"上

革命性的技术在产品中的应用并不是均匀发生的。当相关技术积累到一定程度、达到可以在产业上应用的程度时，就会爆发性地出现在产品中，引发行业变革，创造新的产业，引领经济、组织和管理的发展。自出现有组织的工业生产以来，人类社会先后经历了水力—铁器、蒸汽机—铁路、电力—钢、石油—汽车、通信—电脑几个阶段的技术与产业革命（Bodrožić & Adler，2018）。当前，物联网、人工智能、5G 通信、大数据等技术正在掀起新一轮的产业革命。

此前若干次产业革命发生时，中国要么闭关锁国，要么正经历生存危机，只有到中华人民共和国成立后才开始奋起直追。到了通信—电脑革命阶段，中国也仅仅是追赶者，历经三四十年的筚路蓝缕，中国已经属于世界上最靠前的几个国家之一。正在发生的智能制造的产业革命，第一次为中国企业提供了比肩国际最前沿的机会。当不同企业进入同一个新行业时，此前的技术积累作用不如在行业稳定发展时那么重要，所有企业的起点相差不大。反之，如果行业仍在线性发展，后来者就很难超越此前的成功者。比如，在内燃机驱动的汽车领域，美国、德国、日本的很多企业非常成功，后来者追赶极其困难；但是在新兴的电动车领域，中国企业与过去的领先者站在同一条起跑线上，中国企业实现领先成为可能。

时间因素对企业创新事业的发展非常重要。美国的 NCR 公司在 20 世纪 90 年代开始推广网络付账服务，可惜当时客户不够信任在因特网上进行交易，加上网络速度慢，NCR 公司的创新业务难以被客户接受，公司于 1999 年停止了这方面的业务。然而，美国的网络速度和客户对网络上活动的接受度恰恰在那个时间点左右开始加速提升，NCR 公司与环境上的机遇擦肩而过。所以，一个创新举动，过早则无法赢得市场的认可或者上下游的支持，过晚则无法获得发展的空间。比如，京东方曾经在若干领域，如数码相机、电子书等领域有很领先的创新想法，但是这些创新产品都因为时机过早而没有得到发展。相比之下，京东方进行薄膜晶体管液晶显示器（TFT-LCD）的生产时，恰逢该行业处在过去的阴极射线管（CRT）被淘汰、液晶显示器（LCD）即将井喷的时机。随着更多的人开始使用笔记本电脑，以及后来平板电脑、智能手机的出现，京东方快速建设了多条LCD生产线，产能迅速提高，满足了巨大的新增市场需求。

美的的快速发展，也适逢国际巨头逐步离开家电领域，同时该领域也经历了明显的变革。过去家用电器属于耐用消费品，成熟企业在技术上积累丰富、精益求精，令后来者难以超越。然而，物联网、蓝牙技术、无线通信的便利以及新消费群体的行为习惯，使得新产品设计成为核心能力。此时，过去的行业巨头在所擅长的领域非常成功，难以走出"舒适区"；相比之下，美的因为准确把握市场脉搏，对设计新产品非常热情，不断推出新产品，在市场和技术转型的机会下脱颖而出。

隆基的案例也说明了时机的重要性。化石能源总有枯竭的一天，新的清洁能源技术过去进步得比较缓慢，在隆基进入这个行业前后，光伏技术终于有了快速进步，上游的材料也大幅降价，令"过剩论"者更清晰地判断出值得追寻的业务方向。

经济发展和行业升级带来的机遇对所有企业都是平等的，但是要做出战略决断仍需要企业具备知识、富有智慧。所以，"天时"带来的行业洗牌并不是理所当然的，而是需要企业具备战略眼光。在京东方刚刚进入显示器行业时，CRT技术的市场占有率远高于LCD，在平板显示领域还有场致发射显示器（FED）与等离子显示器（PDP）可供选择；但是凭借着对行业的研究和对创新的执着，京东方果断选择了LCD。隆基对单晶硅技术路线的选择也体现了企业家对技术路线规律的把握，而不能简单地将其归结于运气。这些企业选择了与时代密切相关、代表了未来发展方向的技术路线，也就是选择了合适的赛道。

（二）教育特别是科学与技术方面人才的积累

中国目前积累了有史以来最丰富的人才，他们成为从事创新的中坚力量。从中国每十万人口高等学校平均在校生人数来看，1949 年仅 22 人，1999 年增至 594 人，2019 年达到 2 857 人。目前，中国劳动年龄人口平均受教育年限为 10.75 年，受高中及以上教育的人口有 3.85 亿人。教育方面的积累会逐步体现在各行各业的发展中。

中国在理工科教育上的发展尤其迅猛。美国国家科学基金会发布的《美国科学与工程指标 2020》报告显示，中国理工科人才供应位居世界第一。中国 2016 年授予科学与工程学士学位 170 万个，美国授予 80 万个。根据《中国科技人才发展研究报告（2018）》，中国从事研发（R&D）工作的人员总数为 657.1 万人，比上年增长 5.8%，其中 68.0% 为全时人员。

中国的人才具有很高水平的国际化程度。截至 2017 年年底，留学回国人员总数达 313.2 万人。出国留学完成学业后选择回国发展的留学人员比例由 2012 年的 72.38% 增长到 2016 年的 82.23%。如今，中国的人才基本上都是按照国际先进理念和标准、培养中国发展所需人才的思路培养出来的，他们中的很多人了解产业和技术前沿，为中国企业的创新提供了人才储备。

当然，企业还需要根据自身需要，安排员工、干部进一步参加培训，有的企业还向商学院定制高管培训项目或课程。比如，三一为了实现数字化转型，对集团内部干部和技术人员进行了大规模的培训，帮助众多员工转型为智能制造时代所需要的人才。

我们所研究企业的发展历程充分体现了人才对创新的重要推动作用。

比如，京东方在发展中始终放眼全球，着眼于国际最高的技术水准、国际客户最苛刻的技术要求。京东方在发展早期就确定了建立国际水准企业的目标，其国际化的人才积累为创新提供了强劲的动力。再如，隆基将其主业领域内相当多的顶级专家纳入麾下，使得企业具有明显的国际竞争优势。

（三）国际上非正常的竞争倒逼自主创新的决心

向先进者学习，是任何后发国家的必经之路。在多个领域，中国向发达国家学习、引进过很多技术，并逐步在某些领域建立起自身的实力。时至今日，中国仍旧在努力向发达国家学习，并逐步做出自身的贡献。然而，中国一直面对发达国家的技术封锁，近期，一些发达国家对中国的打压、围堵变本加厉。在全球化高歌猛进四十多年后，中国企业对进行自主创新必要性的认识达到了空前的高度。

始于 2018 年的贸易战，表明美国正式采取行动应对中国发展对其造成的挑战。美国宣称的理由是希望减少中美贸易逆差，但深层原因就是希望减缓中国发展的步伐，尤其是阻止中国高科技领域的发展。2018 年 3 月底，美国白宫贸易顾问纳瓦罗直言，美国"301 关税"毫无疑问要直指中国制造业升级规划的重点推进产业。时任美国总统特朗普也称"正考虑限制中国主导 21 世纪的 10 个战略产业"。2021 年 2 月，美国总统拜登签署了一项行政命令，加强对美国半导体、药品和其他尖端技术制造业供应链的保护，将矛头指向中国。3 月，美国联邦通信委员会宣布将华为等 5 家中国高科技企业列入不可信供货商的黑名单。11 月，美国再度将中国 12 家企业列入所谓"军事最终用户"（MEU）清单，加大了对中国高技术发展的阻击。

在高科技领域遭遇"卡脖子"，提醒中国必须放弃幻想，掌握自己的核心技术。除了科研院所和大专院校从事基础研究，国有企业由于资源丰富、优秀人才集中、业务平台宽广、技术积累深厚等优势，要在自己的业务领域大胆探索科技创新的路径，与从事基础研究的相关机构密切配合，解决新成果的实验、测试、工程化、系统化等关键问题。近年来，国有机构和企业完成了很多大国重器级别的技术创新，例如高铁、特高压、超级计算机、第四代战机、航母、大飞机、北斗导航全球卫星系统、先进核电技术，体现了国有企业的实力。在当前的国际局势下，国有企业应该将在本领域突破技术前沿作为支持国家发展战略的重要目标。这要求国有企业具有双元性，既要能满足国家安全、国计民生等重要需求，又要在科学技术领域实现创新和突破，并布局新技术的应用，实现国家的安全和繁荣。要实现这样的双重目标，国有企业的领导者就需要学习世界一流企业的管理和运营经验，激活组织内的创新单元，高效地进行组织资源配置，打造卓越的组织能力。

多年"以市场换技术"的实践表明，真正的技术是换不来的。很多中外合资企业其实都是外方合作伙伴的加工厂，产品的核心部件都来自外方，中方派去的研修人员无法接触到核心技术和工艺。比如，北京松下彩色显像管厂 2009 年 10 月停止运营，日方以 100 美元的象征性价格将其股份卖给京东方，松下结束了 55 年 CRT 制造的历史，但中方依旧没有全面掌握从头开始制造显像管的技术能力。与外国企业合资的过程中，京东方的核心高管层以及核心技术骨干都感到，如果自己没有掌握核心技术，就永远无法取得行业领先地位，企业发展就永远没有前途。中国企业必然要继续与世界领先企业保持合作，但我们与掌握高科技的伙伴精诚合作的前提是，自己也掌握了对方所需要的高科技，否则，与对方的合作就不可能是互惠、稳定和长久的。

中国企业必须坚持自我研发，其创新动力涉及企业的独立自主。共享装备在发展过程中，屡次因为要争取国际订单而被对方羞辱。共享装备购买的外国进口铸造用砂型 3D 打印机，在其员工看来，根本不是为企业工作的设备，而是不得不"供奉起来膜拜"的装饰。类似这样的折磨激发了众多中国企业家自主创新的动力。陕鼓主动选择"两个转变"，共享装备主动为三峡提供发电水轮机的叶片，三一主动拥抱数字化的变革，都体现了企业对创新的执着。

京东方创始人王东升说，"一个以机会主义为先导的企业，可能会在一定时期、一定环境下有一夜暴富的纪录。但是，作为一家要跨入世界先进行列、誓以产业报国的企业集团，没有自己独立的核心技术，发展和持续发展的机会几乎为零"（路风，2016）。京东方长期缺乏资金，1997 年实现了 B 股上市，暂时拥有了发展所需的资金，但是尚未落实足以支撑万人大厂发展的主营业务。当时，有外国的基金表示愿意与京东方合作从事房地产行业。京东方内部也有人提议做一家投资性的管理公司赚些快钱，那样肯定比做实业、做科技产品容易得多。然而，这些想法都被王东升坚决否定了，他的理由本质上就来自"我们生而干高技术工业"的信念。

（四）经济发展积累了创新所需要的资源投入

通过研发实现产品和工艺的创新，是企业进步的重要手段。但是，研发的投入大而且成功率低，需要国家和企业以雄厚的经济实力作为后盾。如今，越来越多的企业在智能制造等领域展现了丰富的创新成果，这与近年来中国巨大的研发投入增长密不可分。

1991 年，中国研发投入仅占当年 GDP（国内生产总值）的 0.7%。随着经济持续高速增长，中国开始大规模投入研发。2003—2013 年，中国研发投入约占全球研发投入增长额的 1/3，而美欧的份额则显著下降，美国所占的份额从 35% 下降到 27%，欧洲则从 27% 下降到 22%。2018 年，世界银行数据显示,按照研发投入占GDP的比重排名,中国（2.14%）低于以色列（4.94%）、日本（3.28%）、德国（3.13%）、美国（2.83%）等国家,属于中等水平,但研发投入总量居世界第二位。2014年,世界经济合作与发展组织在《2014年科学技术与工业展望》中预测,中国的研发投入将在2019年前后超过欧盟和美国,跃居世界首位。2013年,中国的研发投入已达11 846.6亿元,投入强度（与GDP之比）为2.08%,首次突破2%。此后研发投入总量和强度逐年提升,2019年,中国研发投入总量首次突破20 000亿元,达到22 143.6亿元,比上年增加2 465.7亿元,增长12.5%。2020年,中国研发投入总量为24 393.1亿元,比上年增长10.2%;研发投入占GDP的2.4%,比上年提高了0.16%。

科研成果的最终体现,当然与研发投入的效率相关,但也必然是研发投入积累后的结果。本书所关注的科技制造企业,都在研发方面有巨额的资金投入。华为坚持将每年营业收入的10%投入研发。京东方更是努力撬动各方面的资源来确保研发投入。共享装备在资金本并不宽裕的情况下,屡次为了创新、进入新的业务领域而投入上亿元的资金。美的在过去几年转型的过程中努力减少其他方面的员工人数,新增的员工主要是研发人员。

综上,"机不可失,时不再来"的古语在如今中国企业面向智能制造的创新领域仍然适用。今天,中国的人才培养、资金积累已经让我们拥有了进行创新的资源,而国际竞争、高科技被打压增强了企业创新的动力。对中国企业来说,当下拥有了创新的资源,又恰逢工业互联网渗透产业调整的过程,从而使企业获得了迈进智能制造的机遇。

四、机遇中的空间因素（"地利"）：身在中国对企业创新的影响

中国企业的创新往往被学者们认为有独特的优势或者劣势。中国的一

个独特之处是国有企业占据非常重要的地位，政府在创新中扮演积极的角色，等等。西方学者在本国的经济社会体制的前提下讨论中国企业的创新，难免偏颇和肤浅。

比如，中国企业创新方面最有影响力的代理理论和制度理论关注的是中国国有企业与民营企业的差别。代理理论从人的动机着眼，认为国有企业受到政府干预和政治任务的影响，不从经济角度考虑问题，从而无法促进创新；经理人也只是为了完成行政指令，缺乏动力去追求适应市场需求并基于效率的创新活动。制度理论从资源角度看问题，认为政府的监管政策和资源控制对于中国经济的发展起着重要作用，进而塑造并影响了企业所处的环境。根据这一观点，国有企业拥有获得政策信息的便利，能够获得政府支持和资源，这些优势可以促进创新。

两种观点都把问题简单化了。比如，吴延兵（2014）基于2001—2008年《中国科技统计年鉴》的科技经费支出、科技人员数据及专利数据，比较了不同所有制企业的技术创新，发现混合所有制企业在技术创新以及劳动生产率方面表现突出，私营企业虽在技术创新方面处于劣势但在专利创新方面表现突出，而国有企业在技术创新方面较为欠缺。作者认为，混合所有制企业表现突出的原因是，其不仅可以享有国有企业体制下的资源优势和资金优势，以克服研发经费短缺和资源不足的困难，还可以规避创新风险，提高创新效率。

企业创新不仅需要资源投入，还需要有将投入转化为产品的能力和动力。代理理论仅关注国有企业的创新动力不足，制度理论则聚焦于国有企业能够获得支持创新的资源。中国的市场与发达市场仍存在较大差距，例如缺乏健全的制度、高水平的劳动力、完善的金融体系等，这些因素制约了企业将资源投入创新但有风险的项目中。当鼓励国有企业进入体现国家意志的领域或者战略性领域时，中国政府不仅会为企业提供优惠政策，还会在资金上给予支持。高质量的技术创新需要投入大量资金去建设实验室和相关工作平台，还需要长期的资金和人员投入。国有企业集聚资源的能力和可以获得的融资条件都优于民营企业，因此国有企业能够投入资源从事创新活动。近些年来，中央政府强调了科技创新的必要性，并调配资源支持国有企业从事技术创新。国有企业自然会响应国家号召，大力投入资源促进创新。

我们认为只关注国有企业与民营企业之间的差别，无法深刻研究中国的独特环境为所有企业提供的创新机遇或者限制条件。中国的独特环境对中国企业在以下三个方面具有非常明显的影响。

（一）自上而下的筹划便于企业参与其中推动创新

中国政府在充分论证并决定战略方向之后，能够全面部署、快速动员地方政府和机构参与，通过行政体系确保高效执行。中华人民共和国成立之初就确定了重大战略项目，调动全国的科技人员重点攻关、相互协作，在援助基础上不断钻研，成功取得了突破。当时经济落后的中国能紧追发达国家的科技步伐（见表1.2），靠的就是重点突击、集中力量、组织动员的国家战略和意志。

表1.2　中国和其他强国取得重要科技成就的时间

科技成就	美国	苏联	英国	法国	日本	中国
反应堆	1942	1946	1947	1948	—	1956
原子弹	1945	1949	1952	1960	—	1964
氢弹	1952	1953	1957	1968	—	1967
卫星	1958	1957	—	1965	1970	1970
喷气机	1942	1945	1941	1946	—	1958
M2飞机	1957	1957	1958	1959	—	1965

(续表)

科技成就	美国	苏联	英国	法国	日本	中国
试制计算机	1946	1953	1949	—	1957	1958
计算机（商品）	1951	1958	1952	—	1959	1966
半导体原件	1952	1956	1953	—	1954	1960
集成电路	1958	1968	1957	—	1960	1969

资料来源：杨振宁（1995）。

近年来，国家制定了科技创新的战略规划，设立国家重大科技专项、重大科技项目，并制定国家科技计划，牵头组织国际大科学计划和大科学工程，力争在战略性领域实现突破，打造国家先发优势和国际竞争力。在涉及国家长远发展、国家综合竞争实力的重大创新领域，组建若干国家实验室，提升国家科技创新源头驱动力。在"科技创新2030—重大项目"中，航空发动机与燃气轮机、人工智能、量子通信与量子计算机、脑科学与类脑研究等四项均已启动，其余重大项目的实施方案也在论证过程中逐步推进。

中国政府正在从国家战略的高度不断引导并优化科技创新环境。2015年9月，中共中央办公厅、国务院办公厅印发《深化科技体制改革实施方案》，从技术创新市场导向机制、科研体系改革、人才培养激励等10个方面，提出了32项改革举措、143项政策措施，涉及40多个部门和单位。这次改革在强化企业技术创新主体地位上做出重大转变，由原来的选择性支持变为普惠性支持，提出对企业创新投入方式以普惠性财税政策为主。2015年10月，新修订的《中华人民共和国促进科技成果转化法》实施，在全面下放科技成果处置收益权、强化对科技人员的激励、完善成果转化考核评价体系、促进成果信息公开等方面实现重大制度突破，加大了对科技人员转化科技成果最低奖励力度，将现金和股权奖励最低比例从20%提高到50%。选择北京中关村等4个国家自主创新示范区中的20家高校和科研院所，开展科技成果使用、处置和收益管理改革试点。

高举高打科技强国战略，多点支撑共同形成创新型国家。国家高新区作为我国创新发展的重要基地，经过三十多年的高速发展，已经迈入"创新驱动高质量发展"的新阶段。2018年，全国共有20个国家自主创新示范区、169个国家高新区、2个国家农业高新技术产业示范区、3个国家可持续发展议程示范区、8个国家科技成果转化示范区、279个国家农业科技园区、189个国家可持续发展示范区等各类园区，多方面的共同支撑推动了创新型国家的形成。除此之外，在创业孵化方面，我国也形成了完整的服务链条和良好的创新生态。截止到2018年年底，国家高新区共拥有2 868家众创空间，孵化企业数量突破10万家。省级以上科技企业孵化器1 250家，其中国家级565家。

从以上这些方面可以看出，我国当前制定了大量的宏观政策鼓励企业进行科技上的创新，而且各级政府以及其他机构建立了大量的创新产业园区、产业创新基金，对创新企业有各种各样的鼓励措施。我国对企业高科技方面的创新，鼓励力度之大、涉及范围之广，确实是世界其他国家和地区难以比拟的。

很多企业在进行创新时都可以借助这方面外部环境的支撑。比如，京东方并购韩国现代显示技术株式会社以期获得生产LCD所必需的技术基础，也服务于国家发展高科技、基本元器件的产业政策。2006—2010年，液晶面板成了与石油、半导体芯片、铁矿石等并列的我国进口花费最多的商品之一。《我国新型显示器件产业十二五发展展望》中明确提出支持液晶面板的发展，在产业链建设、重点科研项目、产业化项目等方面，国家给予扶持。为此，京东方在进行产线扩展时得到国家开发银行的贷款支持，还可以通过定向增发募集到建设新产线所需要的资金。

类似地，中国制造业升级规划强调提高中国制造业的自主创新能力、资源利用效率、产业结构水平、信息化程度、质量效益等。中国制造所需要的装备制造，属于"制造业背后的制造业"，自然会取得快速进步。共享装备就赶上了国家大力发展装备制造、3D 打印的机会。三一推动灯塔工厂的建设，也与当前国家推动的制造业转型升级紧密相关。当前，新一代的员工对工作条件要求比较高，不愿意从事脏、累的工作，同时制造业整体上缺少大量感兴趣的潜在员工。为此，提高制造业的智能化水平符合社会发展所需。

（二）庞大的市场规模助力企业创新

创新的路上布满荆棘。中国企业创新的一个"地利"是庞大且快速增长的单一市场，其使企业在创新过程中能够快速迭代、不断试错，失败的代价比较小，而一旦成功则回报非常大。迈克尔·波特在《国家竞争优势》一书中指出，一个国家的特质取决于四种因素：① 生产要素条件，如劳动力供给状况、自然资源等；② 需求条件，包括国内市场的规模、客户需求特征等；③ 相关产业和资源性产业，如供应商能力等；④ 企业战略结构和竞争，如国内市场竞争的激烈程度。由此导致不同国家的企业会因其成长环境而具有不同的特点，塑造出各自的优势和劣势。

一家企业在发展过程中，如果能充分利用本国的竞争优势，就能为自身的发展提供巨大的推力和杠杆。从本书所收录的七家企业向智能制造转型的过程可以看出，中国巨大的市场为这些企业的创新提供了强有力的支持。美的与海尔的创新产品都可能获得数百万消费者，创新研发过程中的投入就可以在大规模的销售中摊薄。这样的创新产品如果失败了，可以迅速被发现，然后转变方向；而一旦成功，则可以迅速为企业赚取大量利润，并投入后续的创新中。相比之下，美的和海尔所收购的海外家用电器品牌虽然过去很辉煌，但近年来创新乏力，与其所在的市场增长缓慢有密切的关系。此外，海尔卡萨帝系列家用电器定位于高端消费市场，恰逢中国经济高速发展后积累了大量的消费者，他们愿意为设计精良、做工考究、彰显生活品质的产品支付高价。在这样的背景下，巨大的市场空间才能为这样的创新提供机会。

中国大规模的制造为提供机械设备、重要零部件的企业提供了快速迭代、获得创新利润、避免创新失败导致高成本的机会。三一的发展，适逢中国成为全世界最大的制造业基地；隆基的快速发展，伴随着中国提供近一半的太阳能发电能力；陕鼓和共享装备的快速发展，与中国制造的快速发展和处于迭代期密切相关；京东方提供的LCD显示屏，基本上都在中国本土的制造商中获得了销售渠道。

（三）多样化的地方政府政策为企业提供了选择的机会

中国幅员辽阔，各地的商业环境大相径庭。虽然中国拥有庞大的单一市场，但各地方政府对于吸引投资特别是对高科技制造业的投资，在支持力度、支持方向等因素上存在巨大差别。高科技制造业企业为了自身发展的需要，一般要选择希望发展高科技制造业并愿意为此提供大量支持的城市，这样才能与地方政府达成"合作共赢"。

企业在计划发展新业务、选择新的投资地点时，只有充分了解不同地区的商业环境，知晓利益相关者和商业伙伴的真实需求，才能有效地与之达成双赢和互惠。比如，京东方的案例说明企业和政府之间可以达成双赢：政府提供土地、配套支持、资金，企业提供技术、生产能力、市场能力，最后政府收获了地方经济的发展、就业、税收以及投资回报，而企业收获了快速的扩张、技术和生产能力的提高以及市场地位（周黎安，2008）。京东方与地方政府之间的合作是完全基于市场化的：京东方通过定向增发获取地方政府的投资平台（或者其指定的投资公司）所承诺的资金，用于当地产线建设；地方政府为京东方建设产线提供基础设施方面的便利，而京东方提供资金、建设经验、生产所需技术和人员等。承诺的锁定期届满后，地方政府可以在二级市场上卖掉京东方的股票，也可以选择继续持有。实际上，多数地方政府都保留了京东方的部分股票，卖掉的部分已经由于京东方股票升值而获益。一旦产线建成，京东方的行业地位就会大幅上升，并伴随着技术的更新、产品的更新等。京东方在北京亦庄经济技术开发区建立了第四条产线（8.5代），该条产线及其上下游配套的二十余家企业一年即为当地提供数百亿元的产值。

京东方在选择新建产线地址时，一般的标准包括距离主要客户比较近、附近有多所工科院校、水电供应比较充足，以及当地政府官员希望发展高科技制造业等。诚然，不同地方的主政官员对于个人的职业生涯有不同的规划，对于如何发展地方经济也有不同的思路（Wang, Zhang, & Zhou, 2020）。地方政府官员为了其地方经济发展，有的会选择房地产、商业等见效比较快的行业，也有的会选择以高科技制造业为发展重点，后者就是京东方选择产线地点时的关注点所在。

京东方曾经在深圳、合肥、成都等地与当地政府进行了非常深入的洽谈，但是多次遭遇到一家国外同行公司的竞争。比如，南方某市在对两家公司进行对比的过程中发现，那家同行公司已经具有高世代产线（6代及以上的产线）的经验，而京东方当时还没有。最后该市并没有选择京东方。然而，在当地政府"抛弃"了京东方以后，那家同行公司却一直没有将投资落地。后来，京东方在合肥的投资也同样遭到该公司的跟随，待双方高管在当地政府官员面前进行坦诚的对话之后，当地政府才坚定地选择了与京东方合作（路风，2016）。因此，即使希望获得地方政府的支持，京东方依靠的仍然是自身的实力。地方政府的支持不是无条件的，也不是偏爱国有企业或者中国本土企业的。

五、本书的计划与结构

本书涉及的七家企业在迈向智能制造过程中的丰富实践，既有与西方文献有关组织创新的资源、动机及管理实践一致的方面，也包含已有文献尚未讨论的关于利用其独特的经营环境条件的内容。我们在本章中试图总结提炼时间、空间上的独特环境条件为中国企业创新提供的机遇，但是全书各案例仍然以各自最突出的特点来呈现，并未囿于我们在本章中所采用的视角。

本书第二章到第八章呈现了七家企业的案例。每一章的内容既包括北京大学光华管理学院的教授基于对企业访谈而撰写的案例，也包括企业高管在8月25日"智造模式：中国制造业的创新"论坛上的讲话。其中，在隆基那一章中还加入了另外两位北大校友撰写的关于隆基及其创始人李振国的文章，他们当时陪同张志学教授参观访问后深有感触并有感而发。我们希望从不同角度对这些企业创新的描述、总结能够向读者们提供丰富的真实素材，并为企业界从事创新工作的人士提供借鉴。

在本书的第九章，张志学教授与博士生王延婷从企业家个人身份认同的角度进行了理论上的分析——企业家的领导力对企业创新的影响。我们既从宏观的角度来考虑此时此地的中国环境对创新的影响，也从微观的角度分析企业家个人的追求、身份定位是如何影响具体企业的创新的。

本书在创新驱动的经济发展模式和产业升级背景下，利用所研究的案例剖析中国若干企业走向高端制造的深层逻辑，揭示中国制造业企业抓住机遇、利用中国的市场规模优势不断学习和摸索的艰难历程。本书通过深入的案例剖析为致力于企业转型创新的经理人提供借鉴，同时也为政策制定者提供参考。

参考文献

路风，2016. 光变：一个企业及其工业史［M］. 北京：当代中国出版社.

吴延兵，2014. 不同所有制企业技术创新能力考察［J］. 产业经济研究，2：53-64.

杨振宁，1995. 近代科学进入中国的回顾与前瞻［J］. 科学，47（1）：11-17.

周黎安，2008. 转型中的地方政府：官员激励与治理［M］. 上海：格致出版社.

AMABILE T M, CONTI R, COON H, LAZENBY J, & HERRON M, 1996. Assessing the work environment for creativity［J］. Academy of management journal, 39（5）：1154-1184.

BODROŽIĆ Z, & ADLER P S, 2018. The evolution of management models: a neo-Schumpeterian theory［J］. Administrative science quarterly, 63（1）：85-129.

MITCHELL T R, & JAMES L R, 2001. Building better theory: time and the specification of when things happen［J］. Academy of management review, 26（4）：530-547.

MORGESON F P, MITCHELL T R, & LIU D, 2015. Event system theory: an event-oriented approach to the organizational sciences［J］. Academy of management review, 40（4）：515-537.

PORTER M E, 1990. The competitive advantage of nations［M］. New York：Free Press.

POWELL B, & STEPTOE S, 2005. But can China innovate?［J］. TIME magazine, 165（26）：39.

WANG Z, ZHANG Q, & ZHOU L A, 2020. Career incentives of city leaders and urban spatial expansion in China［J］. Review of economics and statistics, 102（5）：897-911.

第二章
海尔：打造共赢生态

海尔变革：战略与结构的协同进化

曹仰锋[*]

> 数字时代的不确定性是一把双刃剑。它既是非常可怕的挑战，也会带来美好的机遇。如果企业不改变自己，不改变传统的管理模式，不去创造物联网时代的生态模式，那它就是一个灭顶之灾；但如果企业创造新模式，那在这个新时代，我们就会创造出无限潜能的新业态，这就是非常好的机遇。
>
> ——海尔集团董事局名誉主席张瑞敏

一、战略变革的挑战与机遇

战略变革（strategic change）一直是推动企业持续增长的根本动力，不同于一般意义上的技术变革，战略变革是指选择并实施企业战略所带来的变革（Hitt et al., 2017）。现有的研究表明，战略变革的难度很大，尤其对大中型企业而言，过去成功的经验和模式会在企业内部产生一种"保守主

---

[*] 曹仰锋，博士，北京大学光华管理学院管理实践教授，聚焦于研究战略转型与组织变革，先后出版《黑海战略：海尔如何构建平台生态系统》《组织韧性：如何穿越危机持续增长？》《第四次管理革命：转型的战略》《海尔转型：人人都是CEO》等多部畅销著作。

义"，企业会主动趋于保持现状，维护现有的战略模式，从而形成变革惰性，阻碍变革的发生。但是，企业要想持续增长，就必须实施战略变革，既要能够在成熟的市场中参与竞争，同时也需要通过战略变革开辟新兴市场，以探寻未来的增长机会（Tushman and O'Reilly Ⅲ, 2002）。

2021 年是我国"十四五"规划的开局之年。《中华人民共和国国民经济和社会发展第十四个五年规划和 2035 年远景目标纲要》（以下简称《纲要》）中将数字经济上升为国家战略，这标志着我国正从以互联网为依托的网络经济时代进入以数据、算力和算法为基础的数字经济时代。《纲要》指出，数字经济核心产业增加值占 GDP 比重目标将从 2020 年的 7.8% 提升到 2025 年的 10%，要充分发挥海量数据和丰富应用场景优势，促进数字技术与实体经济深度融合，赋能传统产业转型升级，催生新产业新业态新模式，壮大经济发展新引擎。可以预见，数字经济将成为我国经济双循环发展、产业新旧动能转换、企业高质量发展的重要引擎，产业数字化与数字产业化势不可挡。

数字技术将推动传统产业以数据要素价值转化为核心，以多样化、个性化为方向，打破实体经济和数字经济之间的边界，通过产业要素重构、融合、衍生而形成商业新形态、业务新环节、产业新组织、价值新链条。数字技术的快速发展对传统的制造业等实体企业来说既是机遇，又是挑战。如果传统企业能够积极拥抱数字经济，拥抱产业互联网，积极地通过战略变革向数字企业转型，就可以利用数字经济的"大势"重塑自己的战略、商业模式，甚至组织管理模式，从而获得竞争优势，为企业的持续增长赢得巨大的市场空间。如果企业不能因势而变，而是被自身的惰性阻碍了战略变革的步伐，就会在数字时代丧失竞争优势，丧失新的增长机会。

伴随着数字经济的发展，我们正在进入一个以万物互联为主要特征的物联网时代。为了应对数字革命的挑战，海尔在战略上进行了深入的变革，其战略变革的方向是从"传统制造企业"转型为"平台生态企业"，从创造"产品品牌"到创造"生态品牌"。所谓生态品牌，是指能够打破传统行业/品类壁垒，有效促成动态多边合作模式的品牌（何刚、廖琦菁，2021）。从2019年到2021年，在BrandZ最具价值全球品牌100强榜单上，海尔作为全球唯一物联网生态品牌连续三年上榜。

我在研究海尔战略变革的历程时发现，2000年是海尔拥抱互联网和新经济，开启战略变革的起始之年。2000年1月，张瑞敏在瑞士参加了第三十届"世界经济论坛"年会，该年会的主题之一是"新经济"。回国后，张瑞敏发表了《"新经济"之我见》一文，他在文章中将新经济定义为"以数码知识、网络技术为基础，以创新为核心，由新科技所驱动可持续发展的经济"，并前瞻性地指出"新经济将关系到企业存亡，国家兴衰"（张瑞敏，2000）。

当时，张瑞敏思考的问题是：如何让海尔能够继续在新经济时代生存下去？他在文中给出了自己思考后的答案：

> 对海尔而言，要以对全球用户的忠诚度换取全球的知名品牌，争取新经济时代的生存权。创新是新经济的核心。充分利用了网络技术的企业会比过去跑得更快，但要比对手跑得更快，则必须创新。……首先是观念的创新。为什么？本届大会的格言是最好的诠释："让我们战胜满足感"。网络使你无法自满，它使距离消亡到零，传统的连续性被打破及传统结构消亡。不能更新观念，无异于自我抛弃。……人，是保证创新的决定性因素。人人都应成为创新的主体。

在我看来，《"新经济"之我见》一文就像是海尔开启向互联网企业变革、向平台生态企业转型的一份宣言，它前瞻性地将变革的主体聚焦于"人"，将变革的手段聚焦于"创新"，将变革的动力聚焦于"战胜满足感"。

从2000年开始，海尔进入了向互联网企业变革的酝酿期和准备期，并在接下来的若干年开启了一系列的战略变革、组织重塑和流程再造。

从2000年到2020年，全球家电产业的环境与格局发生了巨变，海尔在动荡的环境中取得了卓越的绩效，连续11年蝉联全球大型家用电器品牌零售量第一。在全球业务上，海尔的业务遍布全球160个国家和地区，服务全球10亿以上用户家庭，拥有海尔、卡萨帝、统帅、美国通用家电、新西兰斐雪派克、日本AQUA、意大利卡迪、卡奥斯、日日顺、盈康一生等众多生态品牌和新物种。海尔2000年的营业收入为406亿元，2020年的营业收入达到3 025亿元，20年的增长率达到645%。更为难得的是，在20年的艰难变革历程之中，海尔的业绩实现了稳健增长。在这20年间，除了2015年，其他的年份都实现了正增长（如图2.1所示）。

图2.1 海尔2000—2020年营业收入与增长率

当下，许多传统企业都面临着如何在数字经济时代进行战略变革并获得持续增长的挑战，海尔的战略变革探索与实践无疑为传统企业尤其是制造业企业的转型提供了难得的最佳实践。本章的目的是深度剖析海尔在战略变革背后所遇到的关键问题，以及海尔所采取的最新变革实践。自2006

年起，我已经跟踪研究海尔战略变革超过 15 年，我发现海尔是从战略与结构两个方面整体推进变革及转型的。因此，我将从战略变革、结构变革两个维度来分析海尔的最新变革实践。针对每一个维度的变革，我从三个方面来阐述：首先解释为什么要变革（why）；其次阐述变革的目标是什么（what）；最后阐述如何进行变革（how）。

二、战略：以"黑海战略"构建共同进化的生态系统

战略变革是手段而不是目的，其目的是推动企业持续增长，获得持续竞争优势。自 1984 年以来，海尔每七年实施一次大的战略变革，先后共实施了六次，分别是：名牌战略（1984—1991）、多元化发展战略（1991—1998）、国际化战略（1998—2005）、全球化品牌战略（2005—2012）、网络化战略（2012—2019）、生态品牌战略（2019—2026）。当前，海尔正处在生态品牌战略变革阶段。

为什么海尔要在物联网时代向生态品牌战略转型呢？张瑞敏在多次演讲中指出，物联网的发展既会给传统制造业企业带来巨大的挑战，也会带来巨大的机会。物联网技术的快速应用将把现实世界真正变成一个"万物互联的世界"，利用物联网技术实现物物互联、人人互联和人物互联。对制造业企业而言，在传统的工业时代，主要依靠大规模制造来降低成本，为用户提供丰富的产品组合，从而获得竞争优势，但是，在物联网时代，用户需要个性化服务，而且这种服务是基于场景的，显然，仅仅依赖产品组合无法满足用户的场景价值需求。张瑞敏认为，在物联网时代，产品将被场景替代，行业将被生态覆盖。企业要想获得持续的竞争优势，要想实现持续的增长，就需要具备大规模定制的能力，能够为用户提供全场景的价值，为用户提供个性化的解决方案，这不是一家企业能够做到的，因

此，企业需要构建一个商业生态系统来满足用户的全场景价值需求，这正是海尔转型做生态品牌的原因。

2019年12月26日，在海尔集团创业35周年纪念活动上，张瑞敏正式对外宣布海尔新的战略转型方向：构建物联网生态品牌。2020年3月27日，在海尔集团第13周的周五"日清会"上，张瑞敏将海尔的生态战略总结提炼为"黑海战略"，并指出海尔"黑海战略"的最终目的是"构建以增值分享为核心机制，由生态伙伴共同进化的商业生态系统"（曹仰锋，2021）。

> "黑海"战略其实是基于我个人一种感性的认识。伴随着互联网时代，经济大概分了三个阶段，第一个阶段是产品经济，第二个阶段是服务经济，第三个阶段，也就是现在，是体验经济的阶段。我认为，产品经济现在对应的基本就是"红海"战略。你看现在价格战已经打得不能再打了是吧？（价格）已经压得非常厉害了。服务经济是"蓝海"，它有一点空间，但不大。到了体验经济，我觉得它相当于生态，如果做了会变成一种"黑海"，所谓的"黑海"就是不太好模仿，它就像热带雨林，你可以复制一个花园，但你没法复制一个热带雨林。

张瑞敏用"黑海战略"这一概念非常形象地概括了生态战略的本质，在外部环境高度动荡、发展方向并不清楚的大背景下，企业只有依靠强大的商业生态系统才能拥有持续的竞争优势。同时，当企业真正构建起生态系统时，它就不能被轻易模仿。这就像无限的游戏，无法重复。既然无法重复，也就无法模仿，至少是难以模仿。也只有构建生生不息的生态系统，企业才能拥有更多的"终身用户"；也只有为终身用户持续创造个性化的体验，企业才能够在物联网时代拥有核心竞争力（周琪，2020）。

基于对海尔生态品牌案例的跟踪研究，我将黑海战略定义为：

以构建数字生态系统为基本目标,以产品智能、场景体验、数字赋能、价值共创为手段,持续为用户创造全场景体验、全生命周期的价值。

从对黑海战略的定义中,我们可以看到海尔在实施黑海战略时主要采取了四项核心措施:产品智能、场景体验、数字赋能和价值共创。

海尔实施黑海战略的第一项重要措施是"产品智能",即利用传感器和物联网等技术将传统的机械产品升级为智能产品,升级后的智能产品之间、智能产品与使用者之间都可以实现互联互通。从2016年开始,海尔便开始实施"电器升级网器"的策略,尽管表面上只有一字之差,但是,两种产品的功能和模式完全不同。传统的电器产品因为没有安装智能传感器等设备,无法融入物联网,就像是一个孤儿,孤独地待在家庭的某一个角落。网器的诞生重塑了海尔的商业模式,海尔通过将电器升级成网器,把家电变成了智能化的数据传感器,这些智能产品可以时时与用户进行交互,并将用户的行为数据传输到海尔的大数据平台上。利用大数据分析平台,海尔不仅能够实时监控用户在使用产品过程中产生的设备数据,还能够通过分析用户的行为数据,为用户提供全生命周期的价值,从而把用户从一次性交易用户变成终身用户,双方共同打造一个智慧家庭生态系统。

海尔实施黑海战略的第二项重要措施是"场景体验"。2020年9月,海尔在北京发布了全球首个场景品牌——三翼鸟,这标志着海尔从家电品牌制造商转型为场景方案服务商。"三翼鸟"这一品牌的名称源自混沌理论中的奇异吸引子,意思是内部模块不断组合变化,但外部稳定并拥有很大的吸引力。海尔希望能够利用"三翼鸟"这一场景品牌,深刻洞察用户需求,为用户提供因需而变的个性化解决方案,并且吸引内外生态方蜂拥而至,共同形成合力,创造出巨大的蝴蝶效应,推动家庭物联网走进千家万户。作为家电行业首个场景品牌,"三翼鸟"可以为用户提供阳台、厨房、客厅、浴室、卧室等智慧家庭全场景解决方案，最终的目的是为用户提供一个可定制的生活方式。海尔将这种智慧生活方式称为"生活 X.0"，即可定制的、可迭代的智慧生活方式。

海尔实施黑海战略的第三项重要措施是"数字赋能"。为了实施黑海战略，海尔构建了多个数字平台，利用数字来赋能。比如，支持全场景智慧家庭解决方案不断迭代的核心技术平台是海尔 U+云脑。U+云脑不仅可以支持海尔旗下所有家电围绕用户的生活场景进行智慧互联，还可以通过与用户交互，不断地为用户提供其所需要的新场景，并且提升和迭代用户的体验。在海尔构建的生态系统之中，驱动海尔实现增长的两个重要引擎是体验云平台和卡奥斯平台，前者聚焦于场景，后者聚焦于生态。从本质上来讲，海尔的体验云平台就是海尔智家的"数据中台"，在这个平台上不仅沉淀了用户的行为数据，还沉淀了海尔从营销、研发、制造到服务全流程的业务数据。利用这些"大数据"中的"小数据"，海尔智家可以为每个用户提供个性化解决方案。张瑞敏特别强调"小数据"的重要性，他认为尽管物联网时代智能商业模式的基础是大数据，但不能只强调大数据，更要重视小数据，只有掌握了每个人个性化的小数据，才能满足每个人的个性化需求。卡奥斯平台的战略定位是"用户全流程参与体验的大规模定制平台"，围绕用户需求构建生态系统，赋能每个行业的企业进行数字化转型，它是海尔数字生态系统中的基石平台。

海尔实施黑海战略的第四项重要措施是"价值共创"。从设计一个家、建设一个家到服务一个家，海尔围绕着"智慧家庭"不断升级解决方案，而真正能够让整体解决方案落地的关键之处在于"生态的构建"。海尔通过构建开放式创新平台（Haier Open Partnership Ecosystem，HOPE）、体验云平台等多个多边资源整合平台，将用户需求、生态资源和创业企业连接在一起，共同为用户创造价值，推动价值的共创化。

总之，海尔所实施的黑海战略正在推动其从传统的产品型企业向生态型企业转变，这一战略顺应了数字经济的时代趋势。正如海尔集团董事局主席、首席执行官（CEO）周云杰所言，正是"技术黑科技"和"管理黑科技"的有效融合给海尔带来了竞争优势。在物联网时代，企业在面对不确定性时，要有顽强的意志力让自己活下来，并坚持到最后。同时，企业还要顺应时代，进行数字化的重生，形成有"技术黑科技"和"管理黑科技"支撑的企业"黑海战略"，这样才能穿越危机，实现持续增长（周云杰，2020）。

三、结构：以"大平台+小团队"构建平台生态型组织

当一个企业的战略发生重大变革时，相应地，组织结构也需要进行重大调整。结构与战略相互促进，二者的相互关系对企业增长会产生重大影响。张瑞敏形象地将战略与结构之间的关系比喻成头和身体的关系，当头（战略）进行转向时，身体（结构）也需要相应地转向，否则就会出现问题。

推动海尔进行组织结构变革的另外一个动力是激发每个员工的创造活力。人是管理的起点，也是一切管理的前提。正如张瑞敏所说，"企业即人，人即企业"。从海尔的组织结构变革过程来看，核心其实就是变革人、发展人，激发每个员工的活力和潜力。"人"的概念并非仅仅指海尔内部的员工，海尔已经建立全球人才生态链，因此这里的人也包括海尔外部具有创业精神的人，即"全球创客"。海尔试图通过对组织结构的变革对"人"在管理中的角色和作用重新进行定义，使每个人都从传统的"被动执行者"转变为进行"自我管理和自我创业"，因此"让每个人都成为自己的CEO"是海尔推动管理变革的终极目标。

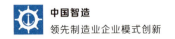

为了实施黑海战略，并践行"人人都是CEO"的经营理念，海尔组织结构变革的方向是构建平台生态型组织。相对于传统企业所采取的封闭式科层组织，平台生态型组织是开放的生态网络化组织，这类组织的典型特征是打破了传统的组织层级，将组织结构演变成由平台支撑的"平台+小微企业"模式。

具体而言，海尔目前在组织结构上形成了"三台架构"。它包括三大部分：敏捷前台、共享中台和基础后台。

敏捷前台是指直接面向用户、为用户直接创造价值的小微企业，它们分属于不同的产业平台。目前，在海尔的生态系统中，共有五大产业平台，包括海尔智家平台、卡奥斯工业互联网平台、海纳云平台、盈康一生平台以及海创汇平台。在这五大产业平台上，共有超过4 000家小微企业，它们围绕用户需求动态地组成不同的"链群"，并协同起来为用户创造价值。

共享中台主要是指集成的共享平台群，它们为海尔生态系统中的小微企业提供能力支持和服务，赋能小微企业为用户创造价值。在海尔，核心的共享中台主要包括创业平台、体验平台、创新平台以及大共享平台等。在平台赋能体系的"三台架构"中，中台肩负着重要的职责和使命，其核心功能之一是对前台迭代创新中的各种试错、迭代和能力进行沉淀，并赋能前台。同时，中台还承担着与前台和后台进行有效衔接及协同的重要职能。

基础后台则是海尔整个生态系统的"黑土地"，主要由基石平台和人单合一模式组成。我将基石平台定义为生态网络中各成员企业利用"计算能力和数据资产"共创价值的"智能"技术底层平台。在生态企业构建的平台生态系统中，"基石平台"的定位是"应用平台的基础平台"，即"平台中的平台"。人单合一则是海尔生态系统中所独有的"管理模式"，它是物联网时代的新管理模式，包含机制、模式和理念三大部分，核心是"共赢增值"平台。基石平台和人单合一分别代表"技术黑科技"和"管理黑科技"，二者刚柔相济，共同形成了海尔生态系统的基础后台。

那么，海尔是如何构建平台生态型结构的呢？我发现，海尔在推动结构变革时主要有四项重要措施，包括设立自主经营团队、减少管理层级、构建共享平台、设计共赢增值机制。

海尔构建平台生态型结构的第一项措施是建立自主经营团队。2005年，海尔开始实施人单合一管理模式，并将自身划分为2 000多个自主经营体，这些自主经营体分为三类：战略经营体、平台经营体和一线经营体，每个自主经营体都拥有决策权、用人权和分配权。随着海尔在战略上向网络化战略、黑海战略转型，其自主经营团队从自主经营体升级为小微企业。小微企业模式相比自主经营体组织形式更加灵活，有利于吸引全球一流人才，更好地设计创新孵化机制、吸引风险投资等。从2013年开始，海尔的小微企业模式首先从全国各地的工贸企业开始试点，这些企业主要负责在境内销售海尔及其控股子公司生产的相关产品。海尔将全国42家工贸企业全部转型为"商圈小微"。从2014年开始，小微企业模式开始在制造、设计、财务等其他单位推进。目前，在海尔的生态系统中，小微企业包括三类：转型小微、孵化小微和生态小微。其中，转型小微是由海尔原来的业务转型升级为独立小微企业，这类小微企业既包含独立注册的法人实体企业，也包含未注册的自主经营单位，两者都是独立核算。对于独立注册的小微企业，海尔通常持有较大的股权比例。孵化小微是由海尔员工或者外部创业者利用海尔平台新创立的创业企业，这些企业都是独立注册的法人实体企业，海尔持有一定股权，但股权比例通常相对较小。生态小微是由海尔平台赋能的创业企业，这类创业企业基本都是独立注册的法人实体企业，它们属于海尔的生态伙伴，海尔通常不持有股权。

海尔构建平台生态型结构的第二项措施是减少组织层级。组织层级是影响企业敏捷力的核心要素。一个组织要想提高敏捷力，就必须减少组织层级，这是组织变革中最大的挑战之一。张瑞敏经常提到，海尔在构建平台生态组织的过程中，最大的痛苦就是减少组织层级。"把组织压扁了，这个任务是非常繁重、非常困难的。"的确，在组织扁平化的过程中，分流、裁减中层管理者，对每一位 CEO 都是极大的挑战。在传统的组织中，中层管理者曾经是中流砥柱，他们发挥着承上启下的作用，但是，当组织不断扁平化的时候，受到冲击最大的就是中层管理者。海尔并没有采取生硬的裁员措施，而是通过鼓励内部创业，鼓励原来的中层管理者在海尔平台上创业，成立小微企业，融入海尔生态系统之中。在海尔目前的生态组织中，只有三种人：平台主、小微主、小微创业者（曹仰锋，2017）。

海尔构建平台生态型结构的第三项措施是构建共享平台。衡量一个平台的赋能能力，核心是评估平台帮助生态系统中小微企业解决实际问题、助力小微企业创造价值的能力。在黑海战略的驱动下，海尔逐步对财务、税务、资金、人力、数据、法律等职能模块进行集中、融合，从而形成了一个"大共享平台"，该平台的战略目的是为海尔生态系统中的小微企业提供系统化、智能化、高效化的基础服务和赋能增值。简言之，海尔大共享平台是一个共创共赢的赋能增值平台，它的用户就是小微企业。大共享平台上包括财务、资金、税务、人力、法律等模块化服务，这些服务覆盖了小微企业管理所需要的"全职能"模块，而且这些职能服务平台全部实现了数字化、智能化、生态化，本质上就是一个拥有智能化决策功能的数字化管理平台。大共享平台的核心特征是开放性，它广泛连接了外部的生态资源，比如，连接了税务局、工商局、社保局等二十多类外部机构，从而形成了一个以赋能小微企业为核心目标的共创共赢的生态圈。大共享平台在海尔的"大平台+小微企业"这种新型组织结构中具有重要作用，它是黑海战略模式下的赋能增值平台。

海尔构建平台生态型结构的第四项措施是设计共赢增值机制。在黑海战略的指引下，海尔的组织形态逐步演变成"大平台+小微企业"的生态模式，在这种生态模式中，由小微企业组成的动态小微链群成为价值创造的主体。为了更全面地衡量小微企业和小微链群的价值创造，海尔开发出了共赢增值表，它是海尔实施黑海战略和衡量生态价值的核心机制。与传统的损益表等衡量工具不同，共赢增值表不仅有机融合了财务和非财务数据，而且全面衡量了海尔小微链群、生态伙伴和用户的价值。共赢增值表包括六大维度：用户资源、资源方、生态平台与价值总量、收入、成本和边际收益。简言之，共赢增值表就是对小微链群价值创造、价值衡量、价值分配进行管理的核心工具，驱动海尔从传统的自上而下的管理控制体系转变为开放的小微价值创造的生态体系。

总之，在任何一家企业中，人的行为都是结构和机制下的产物。基于黑海战略，海尔在组织结构上颠覆了传统的科层式组织，变革成为开放式的平台生态型组织。这一组织结构有力地支撑了黑海战略的实施，推动了海尔从产品型企业向生态型企业转型。

四、战略与结构：SVS 模型

艾尔弗雷德·钱德勒（Alfred Chandler）在其经典著作《战略与结构》（Chandler，1962）中，将战略与结构视为影响企业增长的两个重要变量。其中，战略被定义为"设定企业长期基本目标，以及为实现这些目标所必须实施的一系列行动和资源配置"；结构被定义为"管理一家企业所采用的组织设计"。无论是正式的还是非正式的组织设计都包括两个方面：第一，各个不同管理机构与主管们之间的权力和沟通路线；第二，通过这些权力和沟通路线所流转的信息与数据。为实现企业的基本目标和落实其政策,并将企业所有的资源紧密结合在一起,这些路线和数据是确保有效的协调、评估和规划所必需的要素。

基于对杜邦公司、通用汽车公司、新泽西标准石油公司和西尔斯-罗巴克公司四个案例的深入研究,艾尔弗雷德·钱德勒提出了"结构追随战略"的著名观点,即战略的变化必须有相应的结构变化跟随。应当说,张瑞敏深受"结构追随战略"这一思想的影响,他在推动海尔战略变革的过程中,将战略和结构同步进行。纵观海尔自1984年以来的六个战略变革阶段,每个战略变革阶段不仅有鲜明的战略主张,而且有相应的组织结构与之匹配。

在艾尔弗雷德·钱德勒的"战略-结构"关系框架中,战略处于主导地位,结构处于从属地位,即战略引领结构,结构追随战略。但是,根据我对海尔变革实践的观察,在变革的过程中,战略与结构很难分清主次地位,二者更多的是相互影响、相互促进。就像人的"头与身体"一样,当人转向时往往需要头与身体同步转向。战略与结构的良性互动是推动企业成功变革并获得持续增长的根本动力。如果把企业比喻成一辆向前飞驰的两轮马车,战略和结构就像是马车的两个车轮,在车轴的驱动下,它们是同步前进,而不是一前一后。

基于以上思考,我提出一个关于"战略-结构"的协同进化模型,这一模型包含三个要素:战略(strategy)、价值(value)与结构(structure),我将其称为SVS模型(如图2.2所示)。

图 2.2 战略与结构协同进化:SVS 模型

在 SVS 模型中，战略与结构是推动企业持续增长的两个重要变量，这两个变量在价值的驱动下相向而行，共同推动企业进行战略变革。"价值"这个变量作为连接战略与结构的核心要素，就像马车的车轴一样，是战略与结构的驱动机制。

从海尔近四十年的战略变革历程来看，尽管在每个战略阶段海尔都提出了不同的战略主题，并设计了相应的组织结构，但是，贯穿整个变革历程而不变的宗旨是"人的价值最大化"。

人是创造价值的主体，也是创造价值的源泉。如何激励人去创造价值，尤其是如何激励人持续创造高价值，一直是管理的核心命题。在张瑞敏的管理思想中，"人的价值最大化"包含两个维度，即用户价值最大化、员工价值最大化。张瑞敏多次提到，"用户第一"是海尔永远不变的宗旨，是海尔变革中"不易"的精神，但不同时期"第一"的内涵不同。张瑞敏坚信彼得·德鲁克的观点，即企业的目的只有一个合理的定义——创造顾客，并且坦言自己在推动海尔战略变革的过程中"谨记这一至理名言"。海尔战略变革的目的就是无限接近用户，与用户零距离交互，为用户创造个性化的价值。海尔战略变革第二个不变的主题是"员工价值最大化"，海尔组织结构变革的目的就是打造自主人的组织，从而释放每个人的潜力，成就每个人的价值，让每个人成为价值中心、增值中心。通过创造价值、传递价值、分享价值，让每个人都实现价值循环。这样的组织不管风吹浪打，都可以岿然不动。同时，这样的自组织也充分体现了每个人的尊严。海尔自 1984 年开始创业，经历了六个战略发展阶段，贯穿其中的宗旨是"人的价值最大化"（张瑞敏，2021a）。

在 SVS 模型中，"人的价值最大化"推动着战略与结构共同演进，形成了两个价值循环。生态战略体现的是价值创造循环，这一循环以"用户体验价值"为核心，持续为用户创造全场景、全生命周期的价值；生态组织体现的是价值分享循环，这一循环以"员工尊严价值"为核心，让每个人成为价值中心、增值中心，从而实现每个人的价值最大化。

在以数字经济为主题的万物互联时代，所有的传统企业都将面临非常大的挑战，也都面临巨大的机遇。在挑战与机遇面前，企业要么自我进化，与时代共生存；要么自我僵化，被时代所淘汰。在数字经济时代，海尔通过自我进化，找到了新动力，即把所有的行业和产品通过微芯片及传感器融合起来，颠覆了"物质"，实现了万物互联，创造出新的生态、新的需求，塑造了生态品牌。

> 海尔颠覆科层制，变成无数小微，小微再组成动态的生态链小微群。一个个链群就像一艘艘小船。每艘船虽然不大，但都具有探险精神，都是"哥伦布号"，自己去寻找新大陆。每一艘"哥伦布号"还可以不断裂变出新的"哥伦布号"，继续寻找更新的大陆，把荒芜的新大陆建设成繁荣的生态。（张瑞敏，2021b）

如果把战略比喻成"做正确的事情"，那么，结构则是"把事情做正确"的基础。在瞬息万变的时代，企业只要能够坚守"人的价值最大化"这一驱动机制，动态地平衡战略与结构的关系，就能够在多变、动荡的环境中获得持续的竞争优势，就能够持续增长。

参考文献

曹仰锋，2017. 海尔转型：人人都是 CEO［M］. 2版. 北京：中信出版社.

曹仰锋，2021. 黑海战略：海尔如何构建平台生态系统［M］. 北京：中信出版社.

丹娜·左哈尔，2021. 人单合一：量子管理之道［M］. 纪文凯，译. 北京：中国人民大学出版社.

何刚，廖琦菁，2021. 对话张瑞敏：物联网时代的生态品牌战略创新［EB/OL］.（10-25）

[2022-01-11]. https://new.qq.com/omn/20211025/20211025A09HT100.html.

张瑞敏，2000."新经济"之我见[EB/OL].[2022-01-11]. https://wenku.baidu.com/view/5d1647ef998fcc22bcd10d3c.html.

张瑞敏，2021a. 论物联网时代的管理模式创新[J]. 企业管理，12：14-20.

张瑞敏，2021b. 出发吧，哥伦布号！：张瑞敏在海尔集团第八届职工代表大会上的演讲[EB/OL]. (11-06) [2022-01-11]. https://baijiahao.baidu.com/s? id=1715645824053053276&wfr=spider&for=pc.

周琪，2020. 对话张瑞敏：算法在这个时代被滥用了[EB/OL]. (09-21) [2022-01-11]. https://www.sohu.com/a/419966167_120560044.

周云杰，2020. 以变制变，剩者为王：推荐序[M]//曹仰锋. 组织韧性：如何穿越危机持续增长?. 北京：中信出版社.

CHANDLER A, 1962. Strategy and structure: chapters in the history of the American industrial enterprise [M]. Cambridge: MIT Press.

HITT M A, IRELAND R D, & HOSKISSON R E, 2017. Strategic management: concepts and cases: competitiveness and globalization [M]. 12th ed. [I.S.] Cengage Learning.

TUSHMAN M, & O'REILLY Ⅲ C, 2002. Winning through innovation: a practical guide to leading organizational change and renewal [M]. Cambridge: Harvard Business Review Press.

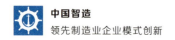

为用户增值，创共赢生态
——卡奥斯助力制造工业数字化升级

谢海琴[*]

非常高兴能够受邀与大家分享我们的一些实践。今天我想向大家汇报和分享一个主题，即卡奥斯是如何助力制造工业数字化升级的。我分享的内容大概分为三部分：第一部分，以用户为中心的大规模定制模式为什么会引起大家的高度关注，为什么会成为一个全球智能制造的示范模式？第二部分，从我们自身的实践——卡奥斯是如何做的——来与大家分享我们是如何通过大规模定制实现为用户增值的。第三部分想讨论的是，海尔和卡奥斯是怎样推进生态体系的共创共建的？

第一部分，为什么大规模定制模式已成为全球智能制造的示范模式？

首先我们来了解一下大背景。全球智能制造市场的竞争是十分激烈的，各国都在利用自身优势来重点发展，特别是提高智能制造能力。从全球智能制造发展指数来看，我们现在还处于第二梯队，但我们其实有非常好的发展机会：一方面，我们有大量的场景，工业门类比较丰富；另一方面，国家也在重点推进，强调加快推进新一代信息技术和制造业融合发

---

[*] 谢海琴，海尔卡奥斯物联生态科技有限公司副总经理，海尔数字科技（上海）有限公司总经理。

展，加快制造业生产方式和企业形态的根本性转变。但从智能制造发展的现状来看，多数企业仍处于智能制造的初级阶段，仍存在三类问题制约工业互联网发展——"不会转""不敢转""不愿转"。

这三种情况的存在其实非常自然，海尔在三十多年的发展历程中也曾经或多或少出现过这三类问题。

面对这些问题，我认为要完成企业数字化转型，企业是主体、智造是核心、平台是支撑，应以用户最佳体验为中心。

为什么这样讲？因为我们是做 C 端（面向终端用户或消费者）产品出来的，特别在意用户的体验，只有把用户的体验纳入进来，并使用户参与到整个数字化的流程之中，企业才可能在设计、采购、制造以及服务等环节展现出最佳能力。比如，每个用户对冰箱外观、性能、尺寸的诉求可能都是不一样的，可以通过定制的方式获得非常个性化的体验，而这些不同的用户体验反馈回来就会倒逼每家生产企业在数字化方面的转型。

过去是以企业为中心的线性制造模式，大规模制造；而现在是以用户体验为中心、零距离交互的非线性制造模式，大规模定制，实现全流程、全要素、全周期的颠覆。企业作为主体，主动拥抱这个变化，通过数字化赋能内部组织，实现员工、系统、流程、环境的改变、裂变、迭变，才能快速满足用户需求。

接下来是第二部分——卡奥斯是如何通过大规模定制模式助力用户实现增值的？以海尔的创牌之路为例，我们实现了高端品牌向场景品牌、生态品牌的进化。海尔在三十多年的发展历程中不断实践，在自己的供应链上下游体系中不断实现工业互联、智能制造、大数据的应用，才能够抓住这样的发展机遇，创立新的品牌。

我们刚才提到，要实现全流程、全要素、全周期的颠覆。具体是指什么？首先，全周期，我们希望实现从产品周期到用户生命周期的全覆盖；其次，全流程，就是在企业内部实现服务流程从串联到并联；最后，全要素，就是构建一个非线性的价值矩阵来向用户传递相应的价值。

以海尔的智慧互联工厂、灯塔工厂为例。在全周期方面，不仅仅是在企业内如何把产品设计、制造出来，也包括产品到用户手中之后的使用的覆盖，例如海尔的商用空调，不论是用在学校、商场还是医院、机房，产品的运转情况、能耗情况都可以通过传感器和数据平台采集并分析，用于产品迭代、预防维护、能耗管理等场景。智慧冰箱也能够覆盖冰箱从食品保鲜延伸至健康饮食的全周期场景。

在全流程方面，我们用"人工智能+5G"、数字孪生等先进技术结合工业场景，让各个流程都根据信息的变化来适配和运转；也通过数字员工、扁平化组织工具，全流程打造深度学习、智慧协同等新模式，很多流程体系从"中心化"转变为"分布式"，紧紧扣住需求而变。

在全要素方面，"人""机""料""法""环"等资源要素通过工业互联网的平台，做到了颗粒度更细、精确度更高、维度更丰富，这彻底变成一个非线性的结构，支撑互联工厂构建更强的制造能力、更灵活的数字化决策，满足复杂多场景的智能制造体系。

这"三全"的目的就是实现获取需求更精准、产品迭代更敏捷、用户体验更好！

第三部分，是"创共赢生态"。我想为大家介绍一下卡奥斯工业互联网平台实践及生态体系。经过三十多年的实践，我们将制造经验软化、云化，形成解决方案，服务于其他工业企业，沉淀出卡奥斯这样一个平台——全球首个大规模定制解决方案平台，也是具有中国自主知识产权的工业互联网平台。我们希望入驻的企业能够利用该平台的资源，多变交互，在这里获得提升，与我们共建一个新的生态。

在赋能企业方面，我们现在有两个方向在推进，帮助企业"从量变到质变""从降本增效到增值迭代"。我们在不断实践"双跨"和"六化"，即深化跨行业、跨区域融合应用，探索形成个性化定制、平台化设计、网络化协同、智能化制造、服务化延伸和数字化管理六大典型模式。

以我们服务的某服装企业为例，针对其客户需求响应差、生产过程人工管理成本和库存成本高的痛点，我们提出了大规模定制、智能生产管理、物流仓储管理赋能方案，现在其成本大大降低，毛利率和工作效率都有了很大提升。总的来说，卡奥斯就是要围绕企业、产业的需求，构建创新的全要素、全流程、全价值链连接的新型产业协作关系，实现生态各攸关方间产能共享、设备共享、资源共享的模式，实现共赢。

最后分享一下我们在数字化转型方面的一些思考和愿景：

第一，消费者从最开始只能到市场上选择，有什么产品就去买什么产品，到今天其实已经有非常大的话语权。我们认为，在数字化时代，人人都有一个"麦克风"，用户正逐步从一个消费者变成一个生产者。这是我们不断推进以用户为中心的大规模定制模式需要重点考虑的问题。

第二，不管是物联还是人联，各种数据会成为企业最重要的资产。这些资产也分成两类：工业现场场景里的数据要求安全、精准、可靠、稳定；而经营、流通、服务等环节可以做大数据的预测。这两部分要结合着去看、去用。

第三，也是我们自己在实践过程中体会到的，即要从用户的体验出发，让用户觉得非常难忘，这样他们才愿意在我们构建的生态体系中持续发展。相信在未来，用户将进一步从消费者变成生产者，数据将成为企业最重要的资产之一，产品被场景聚合，行业被生态覆盖。

以上就是我们在数字化转型方面的一些实践和思考，再次感谢大家对海尔卡奥斯的关注和支持！

第三章
美的：持续战略升级

持续创新服务客户：美的的智造之路[①]

马 力 王延婷[*]

尝试制造市场需要的产品，创办企业

作为一家全球领先的科技集团，美的在 2021 年《财富》杂志统计的世界 500 强企业中居第 288 位，2020 年营业总收入达 2 857 亿元，在全球拥有超过 15 万名员工。美的将"科技尽善，生活尽美"作为愿景，用科技创造美好生活。如今，美的的业务板块涵盖智能家居、楼宇科技、工业技术、机器人与自动化、数字化创新，业务涵盖全球。美的积极投身研发，过去 5 年投入研发资金近 450 亿元（占年营收的 3.5% 以上），在全球拥有 28 个研发中心和 34 个主要生产基地，产品及服务惠及全球 200 多个国家和地区的约 4 亿用户。美的在不同产品线、不同地域拥有很多品牌，包括美的、小天鹅、东芝、华凌、布谷、Clivet、Eureka、库卡、美芝、威灵、菱王、万东等。

今天的美的是一家非常抢眼的企业。不过，美的作为一家企业出现，

[①] 本章涉及的研究得到国家自然科学基金重点项目"转型升级背景下组织创新的多层因素及动态机制研究"（71632002）的资助。

[*] 王延婷，北京大学光华管理学院博士生。

其实是非常偶然的。美的诞生之初,丝毫没有今天的创业者要做企业、要成为独角兽、要成为亿万富翁、要进入世界500强的豪情。当时,大家心里想的,就是吃口饭;而要有饭吃,自然要为客户提供服务。

美的的创始人何享健1942年出生于广东顺德(在今天准确的行政区划是广东省佛山市顺德区北滘镇)的贫苦家庭。那个年代的贫穷生活超出了现在很多人的想象。何享健在小学毕业后便辍学了,之后帮助家里务农,也当过工人,后来成为北滘公社的一名干部。在计划经济时期,公社需要帮助群众解决就业问题。但北滘几乎没有什么企业,如何解决群众的就业问题呢?一种做法就是生产自救。于是,何享健牵头成立了一个自救组织。

1968年5月,何享健与23个村民共同筹集5 000元,创办了北滘公社塑料生产组,主营业务是生产塑料瓶盖,何享健任组长。那个年代的生产组不受计划经济体制的约束,当然也没有政策的保护,随时都可能被迫关闭。可是为了带领村民吃上饭,生产组决定干一天算一天。自此,美的开启了创业之路。

以今天的标准来看,北滘公社塑料生产组肯定连作坊都算不上:所谓工厂,其实就是由竹木和沥青纸搭起来的不到20平方米的场地;所用的机械也极为简陋,基本上就是靠大家手工简单操作。生产组最初的产品是塑料瓶盖,第一个业务员就是何享健:为了销售瓶盖,他坐着火车全国各地跑,带着瓶盖给潜在客户看。饿了,喝一口随身携带的红糖水;困了,就去澡堂和车站睡觉。寒来暑往,走南闯北,何享健受了不少苦,但销售产品获得的利润还是仅够大伙吃口饭。

然而,这样卑微的起点,着实就是今天的世界500强企业美的真实创业历程的起步之处。半个世纪过去了,产品、厂房、品牌、眼界、利润等都发生了变化,但不变的是不断创新,忠实地服务客户,在这个过程中持

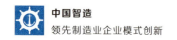

续变革企业,并走上智能制造的道路。

那些年,通过在全国各地到处推销瓶盖,何享健开阔了眼界,提升了商业敏感度,捕捉到很多市场信息,知道市场需要什么。他也体会到,要想持续地有一口饭吃,再争取吃一口好饭,就必须服务市场、服务客户,必须为此而改变、创新。客户需要什么,就努力提高什么,这是企业自身发展的前提。这样的朴素想法,其实也是最深刻、最恒久的至理名言。

何享健在外面跑市场,回来后就和组员们商量:现在某种产品有销路,看看生产组能不能生产。在这样的市场信息指引下,生产组尝试过生产各种各样的产品,如皮球、玻璃瓶等,而生产的原材料就是回收的尼龙纸、塑料布等废旧塑料。

1973年,国家从一批民生项目中分派了一些订单给全国各地的生产小组;何享健负责的小组由于有这方面的经验和技术,一举拿下了一个大项目。他们在两年的时间里积累了10万元,改善了生产组的条件:厂房扩大到了200多平方米,人员也增加到了60多人。有了钱,何享健就有了更大的野心:为了提升工厂的生产水平,他高薪聘请技术人员,开始按照市场需求生产挂车的刹车阀、橡胶配件等,生产组也改名为北滘公社汽车配件厂。

1977年,这家配件厂实现了年产值24.4万元,利润2.6万元,这在当时几乎是一组天文数字。汽车配件的业务看起来还不错,不过,何享健在外考察市场时发现,电风扇越来越受到人们的青睐,于是就又增加了生产电风扇配件的业务,给其他企业代工。通过代工的经验,何享健等人逐步发现电风扇的生产并不复杂,于是开始生产电风扇整机,并研发了第一个自制的终端产品——一台40厘米的金属台扇,品牌名定为"明珠"。这台风扇至今仍保留在美的集团总部,来参观的人都可以看到。

那时的配件厂已经积累了一定的资金,经营思路也走在同时代企业的前面，于是开始考虑品牌问题。1981年3月，配件厂通过招标的形式征集了很多品牌名字的备选方案，包括美的、明珠、彩虹、雪莲等。经过反复筛选，何享健最终选定了"美的"这个品牌名。

1984年被很多人称为中国市场经济元年，那时，众多年轻人争相下海，很多企业也在那一年成立。当然，早已浸淫商海多年的何享健也没闲着。他发现电风扇市场竞争已经过于激烈，需要改变，于是准备转而生产其他的家用电器，并将公司更名为顺德县家用电器有限公司。他还意识到，改革开放激发了太多的生产活力，卖方市场很快就会变成买方市场，所以一定要将业务拓展到国外。1985年4月，美的成立了空调设备厂。1988年，美的获得了出口资质。就这样，美的不断前行，开始突破一个又一个不同类别的家用电器领域，并走向更多领域。

按照市场需求制造消费者喜爱的产品，做大企业

20世纪80年代，中国仍然生活在短缺经济之中。广大消费者对商品的需求远远超过生产商所能实现的供给。据当时的媒体报道，哪怕是不转的电风扇、不制冷的电冰箱、不出声的收音机，消费者都会出于对家用电器的渴望，愿意低价购买，然后再找人去修理。这样的时代背景下，美的如何能够以最高的性价比去生产家用电器呢？对市场一直有敏锐嗅觉的美的，逐步根据市场需求开展了在家电领域的多元化经营。与很多企业不同，美的采取了比较独特的做法，即一旦认定要进入某个领域，通常采用并购的手段快速行动，立刻进入对应的市场。

比如，已经开始生产空调的美的在1998年通过收购东芝万家乐公司进入空调压缩机领域。2003年，美的先后收购了荣事达和华凌制冷集团，不仅拓宽了在冰箱、洗衣机领域的产品线，还掌握了冰箱与洗衣机的制造能

力。通过这次收购，美的依靠荣事达的影响力，顺利进入白色家电市场。2005年，美的收购了生产清洁器具的江南春花公司，进入吸尘器领域，为开展环境电器业务奠定了基础。2008年，美的并购了小天鹅公司，进一步拓展了洗衣机板块。这些成功的并购经验也体现了美的在白色家电市场的战略布局。类似的并购还有很多，美的持续在智能家居、楼宇科技、工业技术、机器人与自动化、数字化创新等各个领域深耕，把企业逐步做大。

直到近期，肆虐的新冠肺炎疫情也没有停止美的继续前行的脚步。2020年12月，美的并购了菱王电梯有限公司。菱王电梯是中国领先的国产电梯品牌之一，主要业务是电梯和扶梯的研发、设计、制造、销售、安装、维保等。通过这次并购，美的又战略性地进入电梯产业。特别重要的是，这样可以推动电梯与暖通空调、楼宇自控等业务之间的融合、协同发展，有助于美的智慧楼宇整体解决方案新格局的构建。此后，美的将电梯产品线融入智慧楼宇整体解决方案中，开启了"智慧楼宇"的新时代。

2021年，美的威灵控股有限公司宣布自主研发并量产新能源汽车部件。早在2011年，美的威灵就开始进行EPS（电动助力转向）电机的研发；2016年，又开始进行电动汽车空调压缩机的研发。美的威灵已经储备了汽车部件方面雄厚的技术实力，用科技赋能新能源汽车行业。电动压缩机原本是空调的主要部件，如今美的威灵进入电动汽车领域，扩展了产品的应用场景。这样，美的威灵就在该领域拥有了自主知识产权，产品在合肥生产基地已经开始生产。

新能源的热管理系统在电动汽车领域急需解决的问题不仅包括传统的乘员舱制冷，乘员舱和电池的制冷、制热，还包括大范围制冷、制热的能力。美的威灵历经十年锤炼，累计投入1亿美元，终于研发出了能够在零下30摄氏度的环境下依然保持有效制热的涡旋电动压缩机；同时也创新性地发明了转子式电动压缩机来满足高效制冷和低温制热两种需求，即使在零下35摄氏度的低温环境下仍然可以保持较强的制热能力，解决了极寒工况下续航衰减快的难题，相比传统热泵续航里程增加了20%。

随着多元化经营程度的不断提高，美的的规模也在稳步扩大。2020年，美的实现营业收入2 857亿元，经营利润314亿元。营业额的不断提高、经营范围的不断扩大，增强了美的集团内部各企业之间的相互协调与支持，以及其抗风险能力；经营利润的提高，增强了美的继续在某些重点领域投资的实力。

优质制造服务国际客户，企业"走出去"

如今，中国的经济总量占全世界的18%左右，也就是说，在中国以外还有约82%的市场。而在世纪之初，中国的经济总量仅占全世界的3.5%。显然，走国际化之路、面向更广阔的市场，是企业做得更大、更强、更成功的必由之路。而且，相较于发达国家的企业，中国的企业是后来者，企业做得是否成功，必然需要到国际市场上去跟发达国家的企业一较高下，检验其能否满足发达国家消费者的需求。作为深刻把握市场脉搏的企业，美的也择机实施国际化战略，而且在国际化方面走得很远。

2007年，美的在越南建成投产其第一个海外基地，也标志着美的自此开启了海外布局之路。在随后的2010年，美的成功收购开利埃及子公司Miraco，以此打开了非洲市场。2016年，美的收购了意大利中央空调企业Clivet 80%的股份。2017年，美的收购了以色列高创公司79.37%的股份，正式进入机器人与自动化行业。类似的收购消息几乎每年都有报道。相较于某些在国际市场上一掷千金的"大手笔"交易，美的进行的国际并购都比较谨慎，都与自身的主营业务有明显的关联且在很多方面的资源与能力

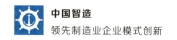

上存在互补，收购进行之时已经谋划好了后续如何整合集团内的各种资源以产生协同效应。

比如，美的在 2011 年以 2.233 亿美元收购了开利拉美空调业务 51%的股份。开利拉美是美国联合技术公司的子公司，主要负责空调业务。作为美的在拉美主要国家开展空调业务的平台，开利拉美在阿根廷、巴西、智利销售的产品，分别选择本地制造、充分利用中国制造优势整机从中国进口等方式，共享开利拉美原有的销售渠道，以自有品牌为主，依托美的国内工厂、开利巴西与阿根廷工厂开拓拉美市场。实际上，拉美作为全球经济增长最为迅速的地区之一，其人口数量较多，具有比较旺盛的家电消费需求。2010 年，拉美家用空调市场容量约 800 万套，其中巴西的家用空调市场容量超过 400 万套并持续保持增长。美的在拉美市场的布局，成为其扩大家用空调等领域在国际市场上的领先优势，保持地区成本竞争力的关键。

美的在业内进行的另外一起被广泛关注的并购是在 2016 年收购东芝白色家电业务。这起并购案例也是典型的优势互补、1+1>2 的策划案。由于东芝品牌产品缺乏创新，迭代速度缓慢，在 2016 年被美的收购之前，其产品在海外很多国家的销售都是停滞的。美的收购东芝以后，快速针对这些市场的需求，推出了相应的由美的自主研发制造的东芝品牌产品。当然，并购后的整合总要经历一些试验与反复。比如，日本的团队同时负责东芝品牌产品在日本本土和海外的运营，但效果并不理想。经过组织架构和运作模式的调整，美的决定日本的团队只负责东芝品牌产品在日本本土的运营，美的总部的国际团队负责其海外运营。经过几年的努力，他们把美的自主研发制造的东芝品牌产品推向了七十多个国家，也使得东芝品牌重新进入各个国家的市场。

同样被国际上广泛关注的并购案例是美的 2016 年收购德国库卡机器人

公司 94.55% 的股份。库卡是全球工业机器人四大巨头之一，代表了"德国制造"的荣耀。库卡的产品主要运用于汽车制造领域，其中，50% 以上的收入来自汽车行业。通过完成对库卡的并购，美的向"科技集团"迈进了一步。为加快推动库卡机器人在中国业务的整合，美的与库卡设立了合资公司，承接工业机器人、医疗、仓储自动化这三大领域的业务。这些业务由美的与库卡共同管理。在管理的过程中，双方逐渐了解了对方的优势，实现了协同。比如，美的将其在速度、成本和业绩的市场导向等方面的优势引入库卡，也为库卡提供了市场和渠道；而美的相较于国内进入机器人领域的其他企业，能够迅速做到这么大的规模，节约了很多时间，好比站在库卡这个巨人的肩膀上去创新，便于其在国内做得更大更强。因此，这笔交易在美的看来已经实现了共赢。

在国际化市场上经营自然要照顾到当地用户的需求。美的在美国市场上对 U 形窗式空调的开发就是其中的一个典型案例。美国用户习惯于使用窗式空调，很多老房子都只能安装这种空调。而窗式空调产品在过去几十年里都没有实质性的创新。2016 年，美的空调事业部派出了一个跨职能团队深入美国当地，进行了为期 6 个月的市场和用户调研。调研发现，用户对窗式空调有很多抱怨，包括噪音大影响休息、一旦窗机安装上以后就不能开窗、外形不美观等痛点。于是，美的开始思考如何能够做出具有独特优势的产品。在诸多卖点中，他们最终确定把"解放窗户，可以自由开窗"作为其最主打的一个卖点。因为在其他几个痛点上，美的与友商的产品具有类似的功能，美的只是做得更好一些而已。而窗户自由开关这一点确实非常打动用户：因为市面上其他的窗式空调只要装上去之后，窗户就永远不可能再打开了，如果要开窗就只能将窗机拆除。有了性能上的明显优势，美的的这款自有品牌的产品在市场上的售价明显高于其他产品，而且一上市便获得了众多消费者的青睐。从某种意义上说，美的通过这款产

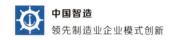

品重新定义了窗式空调，并有望逐步淘汰市面上的传统窗机。创新中体现的用户思维完美地诠释了其后续杰出的市场表现。

国际化的丰富经验让美的不断探索：哪些事情应该母、子公司统一；哪些事情可以因地制宜，母、子公司各自发挥自身的优势。美的在不断国际化的过程中积累了对收购后企业进行整合的一套打法。比如，对于整合东芝，美的首先打通了东芝的信息系统。此前的东芝内部，由于信息系统割裂，哪种型号的产品赚钱、哪个渠道的客户赚钱，在东芝内部都是信息盲点。美的基于自身多年精细化和信息化改造的经验，全面了解东芝家电的经营情况，找到突破点。美的还将绩效文化引入东芝，打破了东芝一直以来的"大锅饭"传统。并购完成后，美的将东芝的营销责任细分到各个事业部，按照产品单元单独核算，在东芝实行"分灶吃饭"，更好地激发了营销动力，促进了产品的合理分布。

当然，作为老牌日本企业，东芝在品质控制方法上确实有其独到之处，这些方法也逐渐嫁接到美的。此外，东芝的品牌在很多海外市场的号召力远远超过美的，所以集团确定东芝品牌定位于高端，而美的品牌定位于中端。同时，东芝也受益于美的的营销优势。美的将各个事业部的人员派到东芝帮助其做销售，通过变革日本市场销售体系，重组成立9家销售分公司，实现对日本47个都道府县的全覆盖，拉通经销和零售环节，提升终端销售能力。在内部管理上，过去的美的擅长提高运营率，过去的东芝擅长提高品质，两种管理思路实现了优势互补。除此之外，通过供应链整合，东芝可依托美的的大宗原材料集采平台，了解美的供应商竞标体系等供应链协同情况，在降低成本的同时，使产能利润率得到大幅提高。经过两年的磨合，双方人员逐步适应了对方的经营模式。

国际化的收购也令美的建立起"品牌矩阵"，可以在不同地域根据具体情况来定位不同的品牌，以达到最佳的效益。在全球化的市场中，美的的全品类主销品牌有三个：东芝是高端品牌，美的是中端品牌，comfee 主打低端以及线上业务。美的的专业品牌还包括 Eureka 吸尘器，以及 Master Kitchen 高定厨房，而开利是专门做空调的品牌。美的在不同的国家和地区都有不同的品牌组合规划。比如在美国，以美的品牌为主，Eureka 品牌作为协同；在东南亚，主要以东芝和美的两个品牌为主，comfee 作为协同组合；在欧洲，也是美的、东芝和 comfee 三个品牌共同布局。

美的董事长兼总裁方洪波指出，在国际化进程中，美的一直遵循的基本做法就是并购和本土化经营。他表示未来美的依然会通过并购实现全球化经营。在过去的十几年中，美的通过国内的小型业务并购、海外的代工业务和新兴市场的布局等积累了很多的实践经验。本土化经营，指的是美的海外所有国家的经营都是依靠本地团队，海外公司的管理层都以本土化的人才为主。

经过多年深入的国际化积累，美的如今拥有 32 家工厂，其中 17 家是海外工厂。因此，美的进行全球制造的灵活度非常高：如果某个市场突然出现波动，美的具备全球调整的能力，可以迅速把产能调整到另一个区域，确保产能稳定输出。

美的多年来在国际市场上的深耕细作取得了丰硕的成果。当前美的的海外收入早已超过 1 000 亿元，在集团整体收入中的占比超过 40%，而且海外订单的同比增长非常迅猛。不仅如此，美的还对海外扩张有更高的目标。目前，美的海外市场的整体份额只有 4%，增长空间巨大；而且在中国快速创新的带动下，很多发达国家的市场上都出现了把家电不再当成耐用品而是快消品的趋势。为此，美的制定的目标是到 2025 年，在海外市场的整体份额不低于 10%，消费家电海外销售额突破 400 亿美元。其中，在一些重点海外市场达到 20% 的市场份额，在东南亚的每个

国家都做第一,在北美进入前三。为此,美的深刻分析了美国、日本、巴西、东盟、德国等各个不同重点市场的情况以及对应的策略。

高科技制造强化研发能力,做强企业

当然,仅仅在国内或者在国际上做大企业、多赚钱,显然不是美的此时的追求。在早期,首要目标是活下去,规模非常重要,这是企业发展的必然。随着经济发展阶段、市场形势的变化,美的也开始注重进行能进能退的调整。美的在大约十年前开始在业务与产品上做减法,不仅关闭了多条业务线,同时还关掉了三十多个品类的产品线。与此同时,美的开始在研发上做加法。作为以营销导向为主的企业,美的早期侧重于做营销增流,2011年开始转型之后,以研发人员增流为主。2020年,美的的研发人员达到16 071人,占除生产工人以外员工的65%,在研发上的投入也是同行中最多的。同时,美的进一步提出以科技领先为核心的主战略,构建覆盖企业不同层面的四级研发体系,研发上注重"储备一代、研究一代、开发一代",力图通过在研发上的不断努力,支撑未来全品类产品上"要么第一,要么唯一"的目标。

从诞生起就一直被市场风雨所洗礼的美的,自然深刻领会到消费者的需求。在消费者需求不断变化、同行竞争日益激烈的背景下,企业只有具备核心研发能力,进行高科技支撑的制造,才能具有长远发展的动力。在多年的发展中,美的一直在不断积累不同品类、不同国家的研发能力,靠科技研发构建企业的核心竞争力,构建具有全球竞争力的研发布局和多层级的研发体系,具备以用户体验及产品功能为本的全球一流的研发技术投入及实力。

近年来,美的将借鉴于不同行业的创新技术应用到自己的产品上,比如为了让空调、净化器和风扇的送风更精准，美的引入了航空发动机研发中的涡轮对旋动力技术；通过参考潜艇发射导弹的降噪技术，美的在吸尘器、破壁机、电饭煲等产品上成功应用了这种降噪技术；利用太阳能光热发电，创新家电相变蓄热技术，实现高蓄能密度，大幅缩小储水热水器的体积，同时提高出水量，并且安全无水垢。除了跨行业的技术应用，美的在高端产品中也加入了数字化和智能化技术。比如，美的旗下的COLMO冰箱可以通过人工智能食材智鲜技术，在后台匹配精准的存储模式，从而为用户提供更好的营养饮食。在疫情期间，也满足了消费者对冰箱产品杀菌、健康等方面更高的功能需求。

美的在发展的过程中多次打破外资品牌的垄断。美的的中央空调一直致力于多联机产品技术的创新研发。从起初的技术引进，到自主创新，再到技术输出，为世界空调巨头提供多联机技术，成功实现了从"制造"到"创造"的蜕变。根据全球经营的思路，美的中央空调对多联机产品进行全球布局规划。2018年俄罗斯世界杯12个比赛场馆中7个场馆采用了美的中央空调系统解决方案，2016年里约奥运会、2017年非洲杯、2014年巴西世界杯、新加坡樟宜国际机场、意大利米兰马尔彭萨国际机场等也都使用了美的中央空调。截至目前，美的中央空调已掌握1 700多项专利技术，为行业内最多，并全部完成产业化应用。除此之外，2019年，美的自主研发的司南系列磁悬浮变频离心式冷水机组再次打破外资品牌的技术垄断。

如今，美的在包括中国在内的11个国家设立了28个研究中心，逐步形成了"2+4+N"全球化研发网络，建立了研发规模优势。国内以顺德总部全球创新中心和上海全球创新园区为核心；海外以美国研发中心、德国研发中心、日本研发中心、米兰设计中心为主，发挥区位技术优势，整合全球研发资源，形成优势互补的区域性技术研发中心，以科技领先战略增大人才密度和厚度，成建制地布局全球研发。美的海外销售额占集团总销售额的 40% 以上，产品已出口至全球超过 200 个国家及地区，在海外拥有 17 个生产基地及 24 个销售运营机构。美的通过国际业务组织变革，实现了经营模式多样化，全球经营体系进一步完善。

美的每年在创新上都进行了大量投入，过去五年的研发投入接近 450 亿元。美的对研发的巨额投入取得了丰硕的成果，其本质在于把握了用户最本质的需求，以用户的需求指引研发的方向。2020 年，美的全年获得中国发明专利授权 2 890 件、海外授权 570 件，连续五年位居行业第一，全年国内外专利申请共 13 859 件。美的是中国首家研发投入超过百亿元的家电企业，连续三年排名全球家电行业创新第一，位列波士顿咨询公司（BCG）发布的全球数字化创新榜单"全球挑战者"100 强。

智能制造服务未来客户，企业转型

一直面向市场的美的，自然了解到科技、产业和消费者的新动向。数字化转型、智能化制造的时代已经来临，每个有追求的企业显然都会去主动拥抱这次变革。

美的从 2012 年开始进行数字化转型。通过数字化，美的实现了用一个标准统一系统，彻底颠覆了从前由工厂生产、层层分销压货的业务模式，改为用市场订单、消费者的需求来驱动整个制造与供应链的运作。通过持续多年的数字化转型，美的已经成功实现了以软件、数据驱动的全价值链运营。近年来，美的在软件、机器人、安得智联等数字化各环节上都持续发力，从研发端、零售端到制造工业链、售后服务物流，持续用工业互联网推动各个环节的升级，取得了良好的效果。

近年来，美的对生产线数字化流程的深度改造将数字化优势从制造端向用户端延伸,打通从设计到制造的数据,从而缩短了产品的研发周期并提升了生产效率。美的将数字化设计与仿真技术引入全线二十多个品类的产品研发过程中,大幅度缩短了产品从设计到成型的全过程,也加快了采用新技术的产品的面世速度。比如过去一个星期只能生产一台空调,通过使用数字化仿真技术可以做到一个星期生产700台,还可以通过仿真设计降低噪声,提高6%的能效,使得产品更加节能、环保。

美的同时实现了数字化和机器人及自动化的深度融合,实现了工艺系统柔性和制造柔性。美的通过大数据在研发阶段确定工业参数,运用边缘计算将指令传达至集团设备和机械手,经过智能化的深度融合,实现每台设备生产不一样的空调的目标。此外,美的工业互联网大量使用人工智能,包括工业参数的自计算、自学习以及视觉和听觉的检测。美的搭建数字化平台后,所有系统实现在线化,产生了大量数据。美的结合管理经验建立模型,基于对数据的学习和计算,反过来调优,数字孪生就实现了。

美的如今正在进一步推动"全面数字化、全面智能化"的深度转型,通过软件和数字化的驱动,推动智能场景融入用户生活,使自身成为物联网时代的领先企业。比如,美的的智能菜谱是基于厨师的经验以及实验室长期研究的结果,在保证健康营养的前提下,一键完成整个烹饪过程。

就这样,美的逐步实现自身的数字化、智能化,成为由数据驱动的科技创新企业;在这个过程中,美的也在推动全行业乃至整个制造业的数字化转型,通过美的物联网平台、工业互联网平台、美云销(美的商业运营平台),来支撑用户全价值链数字化卓越运营。

美的拥有从原材料加工、核心零部件生产到电子、注塑、钣金、总装等关键环节的深厚积淀;软件方面,美的已拥有成熟的全价值链支撑套件,并在工业人工智能技术及云平台上有所布局。美的已成功地将自身的数字化转型经验融入最新发布的工业互联网平台，成为国内首家自主兼备"制造业知识、软件、硬件"的实力领先的工业互联网平台提供商，并入选工信部工业互联网试点示范项目。在管理层面，美的将自身的数字化管理和企划经验融入工业互联网平台；在设计层面，美的库卡旗下的 Visual Components 仿真软件进行本地化开发并将其注入工业互联网平台。这个仿真软件能实现制造过程仿真、机器人仿真和物流仿真。在工业层面，美的进一步优化库卡智能网关技术，开发了美云智数智能网关，还陆续推出了 PLC（可编程逻辑控制器）、数模转换等工业自动化硬件产品。这些技术和产品能为工业互联网平台构建广泛的接入基础。因此，美的通过工业互联网平台提供的不仅仅是云端的连接、海量工业数据的汇聚，更是制造业知识、软件、硬件三者的结合。

美的的数字化转型始终坚持以用户为中心，从用户需求和服务场景出发，不仅推动服务收费全面在线化、透明化，而且加速智能客服的落地，变革服务运营体系，做到面向用户持续深化服务体系的系统化转型和变革，优化用户服务直达。

这样，美的的数字化经验会助力很多企业的数字化转型，帮助其朝智能制造方向迈进。

得益于美的旗下的库卡机器人和自动化的支撑，美的工业互联网拥有全面自主研发的工业软件，从私有云部署逐渐转向公有云，对外输出赋能企业。美的全面推进云计算应用，为全面数字化转型提供了支撑。美的云平台定位于制造行业领先的云平台，基于云原生技术搭建并拥有自主知识产权，整体架构利于扩展，并兼顾美云销、工业互联网、物联网生态以及第三方开发者等需求。无论是大企业用户的定制化全流程服务还是中小企业"上云难"的问题，美的都支持一键部署开通业务应用，目前已为超过 3 000 家企业用户提供 SaaS（软件即服务）应用服务。

第三章
美的：持续战略升级

结　语

美的在国内、国际市场上都经历了从不止步的快速发展，如今已经是世界知名的家用电器等众多行业内的佼佼者。从美的的发展历程中我们可以看出，中国企业朝智能制造方向转型，虽然困难重重，但是机会无限。美的的经验表明，向智能制造转型的过程中，一直专注于客户需求、密切关注市场动向，是必要的功课。美的从创办企业之初，就对市场保持敏锐的洞察力，开始尝试制造市场需要的各种各样的产品，而后按照市场需求制造消费者需要、喜爱的产品，把企业做大，实现多元化经营。随着中国经济越来越融入世界，美的依靠优质的制造开始服务国际客户，实现了"走出去"、国际化经营。在这个过程中，高科技水平的研发使美的的制造水平引领行业，持续做强。面向未来，美的通过智能制造，可以服务未来的客户，实现企业的数字化、智能化转型。

美的在发展过程中一以贯之的是不断创新、忠实地服务客户，由此使企业实现了持续的变革与提高，在智能制造上行稳致远。

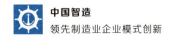

做世界的美的

——双轮驱动，全球突破

王建国[*]

非常感谢张志学教授的介绍以及北京大学光华管理学院提供的这个平台。美的在新的历史时期，即在销售收入突破 3 000 亿元的阶段，重新确定了未来的发展战略和业务组合。我想向大家汇报一下我们新的业务组合以及战略发展方向，以及我们就全球化发展的一些思考。

美的在 2020 年实现了销售收入 2 857 亿元，其中外销收入达到 43%，在这个基础上我们重新反思了新的环境，提出了"再次出发"的口号。一来大环境是"百年未有之大变局"——不管是双循环产业升级、国产替代的一些机会还是新的国际、国内形势。二来美的经过过去五十多年的发展，特别是过去的十年，团队自身、企业各个方面的积累都有了很大的变化。同时，我们在十年前提出的三大战略主轴——产品领先、效率驱动和全球经营——产生了比较好的效果，尤其是在产品领先、效率驱动方面形成了一些基本能力。在这个基础上我们再来思考，销售收入跨越 3 000 亿元之后，

---

[*] 王建国，美的集团副总裁、美的国际总裁。

企业应该怎么发展。

所以2020年年底，我们提出两大方向。一是"战略升级"，即把原来的产品领先、效率驱动和全球经营三大战略方向调整成四大战略方向，即科技领先、用户直达、数智驱动、全球突破。

美的传统上是一个以家电为主体的制造企业，我们把业务重新划分成五大板块：

第一块是智能家居事业群。这是大家比较熟悉的，是我们面向消费者的一些业务，可以说除手机、电视和电脑以外，其他所有的家用电器美的都是具备生产能力的，美的也是全世界产业链中产品线最丰富的企业之一。这是第一块业务，我们叫TO C（面向普通用户）事业群。后面的业务都是TO B（面向企业客户）事业群。

第二块是机电事业群。什么叫机电事业群？它实际上最早是做家电的零部件配套，后来发展到工业控制、汽车的零部件配套，比如压缩机、电机。我们也收购了合康新能等几家上市公司，逐步形成了我们的机电事业群。这一块实际上规模也挺大，2020年规模接近300亿元。

第三块是楼宇科技事业部。它提供的实际上是智能楼宇的解决方案，包括整个楼宇里的采暖、制冷、通风、智能安防、电梯、消防等相关领域。整个楼宇的控制也是我们的一个新领域。这一块大概有200多亿元的规模。

第四块是机器人与自动化事业部。这是我们在2017年收购德国库卡机器人的基础上建立的，目前有250亿元左右的规模。这也是美的的智能制造实践、数字化实践。因为美的有比较明显的优势，有很好的制造产业基础，所以结合我们自身制造产业升级的经验，可以总结很多模式来赋能外部的企业。

第五块是数字化创新业务，就是美的在智能化、数字化过程中形成的一些能力，比如软件的能力、物流的能力、构建解决方案的能力等。此外，美的现在新孵化了一些业务，比如说通过收购万东医疗进入医疗器械领域，这也是我们未来面向大健康的一个孵化领域。

我们在2020年把美的的业务划分成上述五大板块。面向未来，我们希望美的从原来的以家电为主的企业变成一个TO C和TO B并重、海外和国内双重突破的以创新驱动的科技集团。

在战略组织方面，从原来的产品领先、效率驱动、全球经营升级为四大战略。科技领先是核心，因为这是推动整个企业打破边界的核心。美的2020年的研发投入大约为105亿元，研发投入占营收的比重在3%左右。在五年之内希望从3%提高到6%，同时提高研发人才的厚度与密度。这是核心，就是研发投入要保证、人才要保证。在这个基础上另外有三大支撑战略：一是"用户直达"，首先是怎么去跟用户直接互动，塑造用户的心智。二是"数智驱动"，就是从原来的"卖硬件"变成"由软件来定义硬件"，然后逐步加入服务、加入生态，形成真正的数字化产品和生态化产品并将其提供给用户，同时对自己的业务进行数字化改造，把整个业务变成数字化的，通过数据来驱动经营。三是"全球突破"，希望通过全球经营形成全球统一的语言，然后在全球实现份额与经营地位的革新。在这个基础上形成一个战略框架。

如果说美的是一座大厦，那么上面的五大业务板块就是我们的发展方向，但是怎么做到这五个板块齐头并进？这就需要四大战略的支撑。美的发展的基石在于三个方面：一是治理机制的先进性。整个企业怎么分权、怎么授权、怎么激励？企业内部组织之间是什么关系？二是文化价值理念的先进性。文化价值理念是不是与时俱进？原来是股东优先，现在则提出客户第一、员工第二、股东第三，文化价值理念要逐步与时俱进。三是管理层的心灵成长。管理层是不是能够不断打破自己的认知，不断否定自己过去的成功经验，真正持续地具备创业精神，持续地具备突破自己舒适区的能力？这也是美的未来是否能够持续发展的基础条件。

在这个基础上我们在全球突破方面也提出了一些具体的目标。美的2020年的海外收入已经突破1 200亿元，占集团总收入的43%。面向未来，我们觉得全球市场的空间非常大，未来五年我们把全球突破作为收入持续增长、能力持续提升的突破口。我们希望到2025年，美的能够成为全球消费者心目中智能家居的首选品牌，同时成为我们TO B的客户，比如说我们的渠道商、制造商首选的合作伙伴。对于怎么去做，我们也提出了比较具体的目标：希望到2025年，美的在消费家电海外市场的整体份额不低于10%。那就意味着美的在海外的收入要突破400亿美元这样一个规模。美的2020年的海外收入是将近200亿美元，所以希望在未来五年能够增长100%以上。

另外一个转型方向就是我们整个业务结构有比较大的变化。原来我们的海外收入中37%左右来自自有品牌业务，63%左右来自代工业务。我们希望在未来的几年加大自有品牌的业务转型。希望到2025年，自有品牌业务与代工业务的比例能够达到1∶1。

具体怎么去实现这个目标？目前思考是要着力于以下六个方面：

第一个方面还是在产品突破上。产品是整个经营的中心，不管服务怎么去做、别的方面怎么去做，都是围绕产品和服务的创新及差异化。所以我们现在确立的核心是建立产品竞争体系，分为三块：一是如何保障自有品牌的创新？经过过去五年的努力，自有品牌业务和代工业务分别形成了三个"一代"：开发一代、研究一代、储备一代。通过产品突破，保障自有品牌创新、差异化，获得零售商和消费者的青睐。二是如何持续保障高附加值产品的差异化创新？如何保障创新资源？如何持续投入？如何在海外市场中通过场景化、智能化呈现和出样的能力，建设全球的体验中心？

三是如何通过低成本智能制造确保产品竞争体系中标准品的成本竞争力？希望到 2025 年，依托科技和整个智能制造体系，我们能具备小企业的灵活性和低制造成本。过去几年我们在这方面也积累了很多经验，已有两家工厂被列为达沃斯的全球灯塔工厂。

第二个方面是品牌建设。目前，集团已经形成了包括东芝、美的和 comfee 在内的品牌组合，并通过持续推出不同品牌组合，满足消费者的差异化需求。目前来看，我们在东盟、北美、亚太以及非洲，品牌组合的效果都非常好，比较有压力的是欧洲。所以我们也在进一步思考，在欧洲，我们可能还要通过外部合作或者收购兼并的方式，进一步丰富品牌组合。在品牌投入方面，我们也非常坚定，每年拿出销售收入的 2%～3%，到海外建设自有品牌。

第三个方面是渠道突破。这方面就是跨境电商的破局，我们首先提出"多商业模式""多赛道并举"，从集团到事业单元都成立了自己的跨境电商企业，包括在海外的分支机构。未来美的还会进一步通过投资并购一些跨境电商的细分领域头部企业，来保证在这个领域的领先地位。在此基础上，美的也有专门的产业基金来布局跨境电商领域关键能力的获取，比如说跨境物流。投资跨境物流企业，协同外部资源，提高跨境电商的关键能力，也为外部赋能。在传统渠道方面，核心是线下渠道做宽做深和数字化；同时推动终端零售的持续转型，从传统的导购方式逐步转化为智能导购、数字导购，以及对门店的投入产出进行持续的监控和赋能。在线下渠道的扁平化方面，核心就是使海外客户跟美的做生意时，全部在线上自动实现相关运营，同时能够获得非常好的购买体验。不管是未来的消费者还是渠道合作伙伴，跟美的做生意就跟在京东上买东西一样，既能够非常方便地看到货品的丰富度，双方之间又能够实现很好的互动，并且全流程可视。下单之后，整个履约过程也是数字化的。

第四个方面就是在供应和服务上。经过疫情的冲击，美的将原来的供应模式"中国供全球"调整为"中国供全球+区域供区域"，通过产能在区域的适当冗余，应对未来地缘政治的不确定性。美的正在加大建设力度，不管是东盟的、印度的、埃及的还是南美以及北美的制造基地，目前都在进一步加大当地化的建设力度来扩充新的品类。

第五个方面是组织能力。在外部，建立面向海外用户增长的组织，连接所有用户触点，打通用户运营的社区和数字精准营销的连接点。在内部，建立全球通用的商业语言。同时，在合规体系人才的培养方面继续努力。

第六个方面就是数字化赋能。经过过去十年的摸索，在数字化解决方案上，整个集团投入的资金达到 10 亿～12 亿元。过去十年，集团投入超过 100 亿元来搭建数字化的商业平台。同时，帮助 TO B 的客户，赋能下游企业，提供数字化解决方案，了解下游销售、用户互动情况。

以上就是我向大家汇报的美的新的战略调整。总而言之，这些方面我们都还在探索之中，也希望跟各位一起探索和学习。谢谢大家！

第四章
京东方：永葆创新激情

"立世三心"：京东方不断创新的精神力量[*]

马 力

不断创新的产品和服务在改善人们的生活，也在创造一个又一个企业的辉煌。企业发展靠创新，这样的认识如今已经深入人心。然而，今天在中国真正做好、做到顶尖的创新企业依然很少。京东方显然是其中的佼佼者。

衡量一个企业创新的水平有多高，最广为接受的指标之一就是美国专利授予数。京东方在2020年获得2 144件美国授予的专利，在世界上的所有企业中排名第13位。上榜前50名的中国企业中，还有排名第6位的台积电和排名第9位的华为；排在京东方之后的企业中，在与京东方相关行业内的还有排名第16位的三星显示、第19位的美光、第32位的夏普、第34位的LG显示等。从与这些国际、国内同行的对比可以看出，京东方在创新上成就非凡。

京东方不仅在美国专利授予数排名上有非常耀眼的成绩，从其他方面的指标也可以看出其在创新上的成就：每年新增专利申请量都非常大，其

---

[*] 本章涉及的研究得到国家自然科学基金重点项目"转型升级背景下组织创新的多层因素及动态机制研究"（71632002）的资助。

中发明专利占比超过 90%；累计可使用专利超过 7 万件；在美国商业专利数据库（IFI Claims）排名前五十的企业中连续多年增速最快。

创新的成果也体现在产品的行业地位上。全球市场调研机构 Omdia 数据显示，2020 年，京东方在智能手机液晶显示屏、平板电脑显示屏、笔记本电脑显示屏、显示器显示屏、电视显示屏等五大应用领域出货量均位列全球第一。在软屏 OLED（有机发光二极管，又称有机电激光显示）的市场上，京东方的产品也已经应用于苹果手机、华为折叠屏手机等多个场景，成为中国企业在这一领域创新的又一个里程碑。

然而，可能很多人想不到的是，这样一家如此创新的企业，此前曾资不抵债、濒临破产，因为支付不起电费而被拉闸限电。那么，京东方是如何走过来的呢？这样的"反转"背后，是什么样的精神力量在支撑着京东方不断创新？

从转型到上市，确定 LCD 为主营业务方向

京东方的前身是北京电子管厂，代号"774 厂"，成立于中华人民共和国第一个五年计划期间。北京电子管厂曾经是中国电子工业的第一重镇，从其内部发展出很多国内当时的电子企业，因此它也被誉为"新中国电子工业的摇篮"。但是，在中国从计划经济向市场经济转轨的过程中，北京电子管厂一步步走向衰落，到 1992 年时已经连续亏损 7 年。

那时的北京电子管厂为了能够给工人发工资，组织他们去搬卸大白菜、折书页订书、织毛衣，富余女工由领导干部带队到长城饭店、丽都饭店等六大饭店去做保洁，车队冗余人员由领导带队在首都机场内开车送旅客登机、托运物品，厂里用不了的氧气装瓶外销……尽管如此，这些措施仍不足以挽救这家大厂。在 1992 年 3 月 19 日召开的全厂职工代表大会上，

时任总会计师的王东升在报告中总结了电子管厂的基本情况：截止到 1991 年年底，企业累计账面亏损（明亏）达 2 895 万元，潜亏达 3 563 万元，两者相加达 6 458 万元。1992 年应归还的各项流动负债共计 7 587 万元，企业流动资产抵不了流动负债。同时，生产技术、设施日益陈旧，人员负担越来越重，亏损进一步增加，企业已经陷入了恶性循环，难以自拔。由于长期拖欠工资，有些职工生活困难，甚至出现了到菜市场捡白菜叶维持生计的情况。

在市场经济的大方向下，北京电子管厂如何才能"活下来"？为了从根本上走向市场，也为了摆脱巨额利息的压力、盘活企业现金流，管理团队说服了银行，将欠款转成股份。这样的实践开创了中国债转股的先河，北京电子管厂成为后续全国范围内债转股实践的先行者。同时，"活下来"必须有新的资金注入，为此，1993 年 4 月，2 600 多名员工自筹 670 万元种子基金，在北京电子管厂的基础上创立了北京东方电子集团股份有限公司。这样，京东方就成立了，并开启了市场化、专业化、国际化的创业征程。

京东方成立以后，努力发展新产品和新业务，对现有产品进行调整，帮助分流下来的人员再就业。当时的核心任务是挣钱，只要能挣钱，包括保健营养茶、爽口液、节能灯、烤鸭店等很多业务，京东方的人都做过。其中，有的业务能够赚点儿钱，有的业务也亏损不少。

靠这些事情，京东方暂时可以发工资、报销医疗费了。但是，一家万人大厂，如果没有主营业务，靠这些"小打小闹"的生意，怎能长久地活下来呢？再说，仅仅活下来，肯定也不是京东方的追求。实际上，京东方从来没有放弃筹划更大的发展。要发展主营业务，就需要更多的资金支持。怎么办？

京东方"筹钱追梦"的道路异常艰难。继续找银行贷款？那时的京东方没有主营业务，没有稳定的利润和现金流，不可能有银行愿意冒险。找

第四章
京东方：永葆创新激情

政府投资？政府也不可能把"真金白银"扔到没有希望的地方。上市？当时京东方没有主营业务，达不到 A 股上市的标准。公司领导班子评估了各种可能性，最后仅存的机会是选择当时比较"冷门"的 B 股上市。

企业上市在今天看来属于"高大上"的举措，在那时却并非如此。熟悉资本市场的陈炎顺被任命为 B 股上市小组的组长，带领一个年轻的团队开始工作。当时公司中绝大部分人都不相信这家一度濒于破产的企业能够干出点什么名堂来，陈炎顺带领的团队竟然被老职工看成"一群小骗子"。终于，这些艰苦的工作得到了回报：1997 年 6 月 10 日，北京东方电子集团股份有限公司在深圳证券交易所成功实现 B 股上市，筹集到 3.5 亿港元。那时的京东方从来没有过这么多的可支配资金。公司的同事们敲锣打鼓地欢迎上市小组的成员，让他们站成一排照相，并称他们为"十八棵青松"。

B 股上市之后，京东方终于可以自己选择干点儿什么大事了。基于公司此前长久的探索以及与显示相关的业务经验，TFT-LCD 项目逐步展现出其优势。到 1998 年，京东方确定了以显示为重点的主营业务。1999 年夏，京东方成立 TFT 项目组，寻找这个行业的入口。到了 2000 年推介京东方 A 股增发时，京东方已经非常明确：下一步的重点是发展 TFT 液晶显示屏及其模块。当时京东方已经看出，主力产品显示器在全球仍呈高速增长的势头，中国将成为全球显示器的主要生产国，同时，主流数字媒体设备的显示技术也将发生根本性的变革，以 TFT-LCD 为代表的新型平面显示器件将大力发展并取代 CRT 成为主流产品之一，其市场成长性将在众多应用领域得以体现。

2001 年 1 月，京东方在深圳证券交易所增发 A 股，至此，京东方的公司治理进一步规范化。2001 年 6 月 18 日，进入 21 世纪的北京东方电子集团股份有限公司正式更名为京东方科技集团股份有限公司。液晶显示业务被作为公司主业来推广，公司也进入了加速发展的阶段。

跨国并购、扩建产线，实现跳跃式发展

此时，京东方领导层已经明确认定，TFT-LCD 产业是信息产业领域发展最为活跃、应用范围最广、辐射能力最强、潜在市场最大但竞争也最为激烈的朝阳产业之一，值得京东方参与其中。这一选择并非空中楼阁，而是京东方恰当地运用了此前所积累的几方面的知识、经验的结果。第一，京东方此前与松下合资生产 CRT 显像管，了解了显示行业的上下游厂商。虽然 CRT 与平板显示有诸多技术上的差别，但是其共同点能够让京东方了解进入这一行业的门路在哪里。第二，京东方前身的主营业务中包括与半导体相关的内容，在中国率先做出了高纯度的半导体锗（germanium，Ge），并做出了半导体的二极管、三极管，因此，京东方对半导体行业有一定的了解。第三，京东方的前身也曾经成功研发了液晶显示器［从 1981 年的 TN-LCD（扭曲向列型液晶显示器）到后来的 STN-LCD（超扭曲向列型液晶显示器）］，京东方成立后，快刀斩乱麻地砍掉亏损项目时也尽力保留了一段时间的液晶项目，只是后续因为缺乏资金而不得不暂停这些项目，但是相关的技术骨干都被其安排到清华大学等机构去深造，后来这些人成为京东方进入 TFT-LCD 产业的顶梁柱。

然而，这些已有的知识资源尚不足以完成 LCD 的生产。为此，找到了主营业务的京东方开始寻找具体的技术路径。跨越技术门槛，常见的有三种选择：第一，通过支付技术转让费来引进产线；第二，自主建造产线；第三，通过并购来获得核心技术。

相比之下，第一种方法风险小、见效快，为了企业的短期获利和发展，不失为一种权宜之计；但是这个选择的发展后劲不足：如果企业希望升级产品、提高竞争力，就要持续地向提供技术的企业支付技术转让费。

第四章
京东方：永葆创新激情

京东方一度几乎要签订一份技术转让合同，希冀借用外方的技术来建造产线，只是在最后关头还是放弃了。

第二种方法的优势是确保己方掌握全部技术和工艺，但是需要从头组建技术队伍，面临多方面的挑战。那时自主建造产线的条件也根本不存在：20世纪90年代末期，中国尚未形成该产业，在同行、科研院所中并没有这方面的人才储备供京东方去引入。而同行的跨国企业大多处于上升阶段，核心人才不会跳槽来到尚未证明自己决心和能力的京东方。同时，生产液晶面板需要大量的行业专利，行业各领先企业彼此依赖对方的专利，因此可以相互授权，而京东方这样的新晋企业没有自己的专利，要想建造产线开头必将极其困难。

第三种方法，通过并购得到起步所需的最基本的技术力量和专利，显然非常具有吸引力。但是这个选择的风险也很大：短期内资金压力大，而且并购后的业务与人员的整合也是非常具有挑战性的课题。实际上，超过2/3的并购都在整合阶段产生了严重问题，降低了并购方的企业价值。

并购的机会在2001年出现。几经波折，京东方最终在2003年年初收购了韩国现代显示技术株式会社（Hydis），获得了三条低世代的产线、销售渠道和专利使用权。事后京东方也总结认为，这次收购对于京东方来说，最具价值的是获取了发展TFT-LCD事业的关键技术、关键人才和关键客户，使其在较短的时间内实现了跨越，为高起点的技术创新奠定了基础。

京东方收购Hydis的谈判过程跌宕起伏，收购交易额创造了当时中国跨国并购的新纪录。为了能够快速地完成所有审批手续，京东方的很多高管频繁出入国家各个部委。实际上，Hydis在出售给京东方之前，也曾有两个"搅局者"，只不过这两家公司并未如京东方那样有充分的产业准备，战略上并不坚定，甚至希冀通过耍小聪明来赚钱，这才让京东方最终实现并购。而在京东方并购 Hydis 交割完成之后一个月，韩国政府就出台政策，禁止将高科技行业的企业出售给外国企业。京东方的机会确实是转瞬即逝的。而之所以能够"险胜"，与京东方的充分准备关系密切。正如法国微生物学家、化学家路易·巴斯德所说，"机遇偏爱有准备的头脑"。因为京东方在这方面做了大量的准备工作，与韩国现代进行了充分的合作，彼此之间已经有了深入的了解，所以并购才得以实现。

收购 Hydis 以后，京东方的专业技术和管理人员去新成立的韩国子公司京东方现代显示（BOE-Hydis）公司工作和学习。第一次到现场时，大家都穿着洁净的工服，现场的工作人员带着他们参观产线，从玻璃投入口开始，跟着工序走，一道道工序仔细查看，一直走到最后，走了整整一天。京东方的技术和管理人员直接向 Hydis 有经验的韩籍工程师们请教 LCD 的技术问题，很快获得了这些老工程师的认可。这种扎实严谨的工程师精神也让京东方快速掌握了 LCD 产线的知识。

至此，京东方"孤独地走上了一条绝无回头机会的道路"。通过收购后的消化、吸收、再创新，2003 年 9 月，京东方投资 12 亿美元自主建造北京第 5 代 TFT-LCD 产线。该产线（在京东方内部被称为 B1 产线）于 2005 年 5 月量产，结束了中国无自主液晶显示屏的时代，也翻开了中国自主制造液晶显示屏的新篇章。

因为液晶周期，也因为京东方刚刚进入这个行业，自身能力尚在爬坡，从 2004 年下半年开始，LCD 事业就处于亏损状态。LCD 面板的价格忽高忽低，这种液晶周期对于新进入这个行业、规模尚小、在良品率上正在不断缩小与行业领先者之间差距的京东方来说，是痛苦的。京东方亏损时，各种风言风语在坊间流传，甚至影响到京东方自己的职工。为什么要来做这样艰难的事情？搞合资公司舒服地挣钱不好吗？

逆境中的发展困难重重。在北京的第一条产线顺利建成投产的过程中，京东方一直在寻求继续建造新的产线。然而，因为行业周期造成的亏损，京东方的产线扩张遇到严重的融资困难。怎样用有限的资金持续地进行产线扩张、提升企业的能力是京东方面临的一大难题。而与此同时，国际同行却在京东方与地方政府谈判进入实质性阶段时不停地出来"截胡"，证明自己拥有更成熟的技术，可以帮助地方政府更稳妥地推进显示以及上下游行业的发展，令京东方举步维艰。

当然，既然已经走上了这条艰难的发展道路，京东方显然别无选择，只能一往无前。恰恰是在这种行业低谷时，京东方进行了逆势扩张，坚定地在显示器件领域深耕，全面提升自身的能力。此后，合肥、北京、鄂尔多斯、成都、重庆、绵阳等地一条条产线的建造，使京东方的规模越来越大，效率越来越高，承受风浪的能力越来越强，行业地位越来越稳固。

京东方在显示器件领域的执着终于收获了市场的回报。京东方已经成为全球半导体显示产业龙头企业，在显示器件领域持续领跑，在LCD主流应用的市场占有率进一步提高。群智咨询提供的数据显示，2021年上半年，京东方在智能手机、平板电脑、笔记本电脑、显示器、电视等五大应用领域显示屏出货量持续占据全球第一，并不断引领细分市场技术及产品迭代。比如，京东方推出动态滑卷次数高达20万次的柔性滑卷屏、360度内外双向折叠屏等新一代柔性显示产品。京东方还推出了55英寸超高清主动矩阵量子点发光二极管（AMQLED）显示屏、行业领先的480赫兹超高刷新率等专业电竞显示产品等。其中，京东方的柔性显示屏市场占有率持续稳居国内第一、全球第二，并应用于全球众多知名手机品牌产品，获得业内的高度关注和认可。

在半导体显示业务以外，京东方在物联网方面的创新也在收获成果，在MLED（Mini-LED，小型发光二极管）、传感、智慧系统创新、智慧医工等领域实现了大幅增长。比如，京东方在2021年携手合作伙伴推出全球首款主动式玻璃基 MLED 电视，取得 MLED 技术领域的重大突破，为 MLED 市场向高端化演进树立了新的技术标杆，MLED 产品的市场份额也大幅提升。京东方玻璃基背光 75 英寸四拼产品也成功量产交付，玻璃基主动式 P0.9 直显 MLED 产品已具备量产能力，Mini/Micro LED 显示解决方案在商业显示、商务会议、舞台演出、体育赛事、高端电视、游戏电竞等领域开辟了广阔的应用空间。京东方在传感事业医疗影像产品上的销量也大幅增长，已向欧、美、日、韩等国家的高端医疗器械企业量产出货。

在智慧系统创新事业方面，京东方已为中国工商银行、中国建设银行、中国农业银行、中信银行、招商银行等全国 2 000 余家银行网点提供智慧金融解决方案。京东方智慧交通解决方案目前已在太原地铁、北京地铁、青岛地铁等 11 个城市地铁线路以及北京大兴国际机场、首都国际机场等 5 个机场落地应用，并向全国 80% 以上的高铁线路和 22 个城市地铁线路供应显示产品。京东方智慧园区解决方案已在北京、天津、重庆等 20 余个城市落地应用，为北京环球度假区提供近 5 000 台智慧终端产品以及行业领先的智慧园区、智慧办公解决方案。在智慧医工事业方面，京东方将科技与医学相结合，先后在北京、合肥、成都、苏州等地布局多家数字医院，为人们提供"从预防、诊疗到康复"的全周期健康医疗服务。

从这些方面可以看到，京东方的创新已经融入各个不同的业务集群中，创新成为京东方的精神内核，也体现在业务的不断成功发展中。

"立世三心"的提出：文化引领企业前进

进入显示领域以后的京东方经历过多次波折。特别是在进入这一领域早期，京东方的体量小、行业地位低，承受液晶周期的能力弱，必须忍受比较长时间的亏损。每当这个时候，京东方就要承受巨大的压力。

第四章
京东方：永葆创新激情

2008年，京东方正值最艰难的时刻，社会上对其不利的舆论甚嚣尘上，在公司内部也出现了不少动摇的念头，弥漫着悲观的情绪：我们已经那么努力了，没日没夜地干，为什么仍旧无法让公司摆脱亏损？我们是不是入错行了？我们是不是没有做液晶的本事？我们还要熬多久才能见到曙光？

在这样的背景下，京东方时任董事长王东升在2008年4月公司成立15周年会议上明确提出，希望大家能够有"超越之心、敬畏之心、感恩之心"。他说：

> 无论是顺境还是逆境，京东方人始终保持一颗"超越之心"，并且将其转化为一种独特的精神文化价值体系……不断建立更高追求的伟大目标。……"超越之心"产生了一种超然的自我审视，能够清醒地正视自我局限与不足，由此而生"敬畏之心"。……正是因为敬畏之心，我们才能专心专注，精益求精，才能技有所长，日有所进。正是因为敬畏之心，我们才能具有谦逊的心境和包容的胸怀，在所有经济和社会关系中，真诚合作，分享共赢。……回味15年的心路历程，京东方还有一颗"感恩之心"。我们从未忘记投资者、客户、供应商和合作伙伴的信任，因为我们不敢忘却，忘恩就是负义。京东方需要感恩的对象太多，有政府领导，有各界朋友，还有我们的全体同仁。我们始终怀有一颗感恩之心，这种感恩源自我们曾经经历的艰难和沧桑，我们怎能忘记在寒冬中所得到的每一点温暖、每一缕阳光？

他还说：

> 2001年至2003年行业冬季，我们抓住了机会，实现了并购战略，进入了TFT-LCD领域；上一个行业冬季，我们实现了扎根战略，确立了国内行业领先地位。……我们一定能够跨越本次行业冬季，克服困难，化市场低谷为成长机会，实现企业新的发展。

随着时间的推移，"超越之心、敬畏之心、感恩之心"在京东方越来越得到广大员工的共鸣，被简称为"立世三心"。这三种精神，引领着京东方不断突破行业困局，实现产线扩张以及行业地位的提高，凝聚着人心和力量。

"立世三心"引领京东方不断创新

靠着"立世三心"所概括的精神，京东方走出了发展的低谷，进入液晶领域，成为一个跟随者；而后，靠着"立世三心"精神的引领，京东方不断迎接挑战、持续创新。

从根本上来看，创新是对过去例行做法的否定，需要冒风险。只有具备冒险的勇气、长远的眼光、迎接挑战的责任感以及业务和技术改进的能力，创新才可能成功。比如，对高科技工业的执着，让京东方从来没有试图去做任何挣快钱的事情，而是坚守液晶这一业务板块。到1997年，京东方实现了B股上市，暂时拥有了发展所需的资金，一扫创立之初缺乏资金的阴霾。但是，那时京东方尚未确立足以支撑万人大厂发展的主营业务。当时，有外国的基金表示愿意与京东方合作从事房地产行业。显然，从赚钱的角度，"做东方电子不如做东方花园"。公司内部也有人提议做一家投资性的管理公司赚些快钱，因为那样肯定比做实业、做科技产品容易多了。然而，这些想法都被公司高层坚决反对，本质上就来自"我们生而干高技术工业"的信念（路风，2016）。

京东方从成立之初就继承了北京电子管厂这家军工企业的基因：做元器件、高科技、制造业，为国家做点儿实实在在的事情。进入液晶领域的核心原因之一就在于，中国当时的液晶消费市场非常大但是供给严重依赖进口。在2000年前后的十几年间，液晶显示器与芯片、原油、铁矿石等是中国每年进口耗资最多的几类商品。这还仅仅是算经济账。如果再加上政治、军事方面的考量，中国这样的大国必须在这样核心的零部件上有自己的供应能力。毕竟，任何在军事、经济上有重要意义的控制装备，都必然要有显示屏幕、要有人机互动的接口：从过去的显示技术进步到液晶显示，清晰度提高、能耗减少、占用空间缩小，意义非常大。过去几十年来国际化在某种程度上确实在高歌猛进，但技术上各国之间的竞争、封锁其实从未停止，只不过近几年才表现得更明显、引起大众的关注而已。

在京东方的创新进程中，"立世三心"显然引领着其破浪前行。2009年12月，董事长王东升深刻地分析了当时严峻的形势。他说，京东方启动8.5代产线后，打破了外国对中国的技术封锁，外资携规模优势将大举进军中国。狼真的来了，竞争将白热化，而我们目前仍弱小。他还说，要坚持赶超世界领先，不搞低水平重复，不满足于国内唯一，要以世界领先为目标，选课题、落实课题、出成果，不能关起门来搞创新，而要在市场竞争中接受检验，在国际合作中积聚能量。

在京东方的第一条5代产线投产之后，因为那次液晶周期的低谷比较长，而且京东方是一个新进入者，产品以小尺寸屏为主，成本也居高不下，所以5代产线严重亏损。最困难的时候，公司现金流遇到严重问题，银行拒绝新增贷款，京东方被迫卖掉了其所持的冠捷股份，甚至几乎着手把5代产线从上市公司剥离出来。当时曾经有一个计划，要把京东方的5代产线和国内另外两条LCD产线合并，组建一家新公司。不管哪种选择，京东方从未试图放弃液晶业务，而是坚定地要把液晶显示面板业务搞下去。讨论三条产线合并时，王东升的计划就是到合并后的公司出任总经理。显然，不管遇到多大的困难，董事长都要全身投入液晶领域。

这种对技术和产品创新的坚守，在企业亏损的时候，尤其困难。这中间，核心领导者王东升显然起到了引领作用，他以个人对创新的坚守和执着带动了整个企业对创新的坚守。正如京东方的一位高管所说："房子在那里一堆，今天值50万元，明天值500万元，可一套房子还是一套房子，值了500万元就能让10家人去住吗？还不是只能住1家？所以是没有意义的。干工业就不一样了，能满足人的需求。这是正道……"

反之，如果一个企业只关注短期的利润或者股票价格，则很难保持这样的坚守。在资本市场上，京东方的A股和B股表现长期以来并不好。即使不考虑资本市场，纯粹从企业的投资回报来看，京东方进入平板显示这个主营业务十余年来的利润也并不丰厚。因此，纯粹从经济利益角度考量，京东方的财务表现确实不如很多房地产公司、金融公司等。

京东方对高科技制造业的坚守也源自其与外方合作的经历。京东方在改革开放、外资进入中国的大潮流中，多次参与兴办合资企业，比如1995年与日本端子株式会社合资的北京日端、1996年与日伸工业株式会社合资成立的北京日伸电子精密部件有限公司等。这些合资企业给京东方带来了精密管理的理念，也使其获得了一些利润。但它们其实都是日方合作伙伴的加工厂，产品的核心部件都来自日本，中方派去日本研修的人员都无法接触到核心技术和工艺。北京松下彩色显像管厂到2009年10月最终停止运营、日方以100美元的象征性价格将其股份卖给京东方时，松下结束了已有55年的CRT显像管制造的历史，但中方依旧没有全面掌握从头开始制造一个显像管的技术能力（路风，2016）。在与外国企业合资的过程中，京东方的核心高管层以及核心技术骨干都感到，如果自己没有掌握核心技术，那么永远无法取得行业领先地位，企业的发展永远没有前途。

这样的国际化经历使京东方在发展中始终放眼全球，着眼于国际最高的技术水准、国际客户最苛刻的技术要求。即使在发展的早期，京东方也从来没有将区域内或者国内的同行企业当作对标的标杆，而是从一开始就将目标确定为建立国际水准的企业。如今，京东方的企业愿景是"成为地球上最受人尊敬的伟大企业"。实际上，京东方的营业额多半来自国际客户，京东方的高管中精通英语、日语、韩语的比比皆是。

从精神到物质：各方面的管理努力

以"立世三心"为代表的精神力量鼓舞京东方坚守高科技制造业的阵地。当然，创新不仅需要精神力量，而且需要把这股强大的精神力量落实到日常的工作之中，在各个不同的工作阶段以对应的丰富管理实践来完成创新。

在京东方确定了要做液晶显示的 1998 年，行业内有三种主要的技术路线可供选择：PDP、FED 与 LCD。相比之下，FED 技术的劣势已经很明显，可以不在考虑范围之内。那么，PDP 与 LCD 两大技术路线的选择中，到底该选什么呢？PDP 的产线，投入 10 亿元即可生产，可以快速见到利润，而且当时各项技术指标都优于 LCD，也确实有一些日本和中国企业投资于 PDP，但是，其在小尺寸屏幕上的性能不够，而且供应链上参与的企业不多，技术进步缓慢。相比之下，LCD 需要投入百亿元级别的资金，且周期更长，但是上下游参与的企业特别多，技术进步迅速，可以应用于多种产品。怎么办？

面临两种技术路线之间的选择，为什么京东方能够选到最后被证明是正确的一边？京东方的总结是，"我们有两句话：一是在空间上，我们要站在月球看地球；二是在时间上，我们要看上下两个一百年"。最核心的内容是，过去几十年来液晶显示以及半导体技术的发展轨迹都展现出半导体技术进步的迅速：随着时间的推移，基于半导体的技术能够迅速实现成本的降低、可靠性的提升、性能指标的提高。当时，京东方梳理了自 1879 年以来的电子技术发展路线，研判出真空电子技术必然被半导体技术所替代的历史趋势。从技术基础看，PDP、FED 依然为真空电子技术，而 TFT-LCD 是半导体技术，TFT-LCD 必将胜出。京东方看到的大趋势是，电子器件领域发展的历史，基本上是半导体技术替代真空电子技术的历史，包括：① 半导体晶体管和集成电路替代电子管；② 以 TFT-LCD 为代表的半导体显示器件替代 CRT 真空电子显示器件；③ 以 LED 和 OLED 为光源的半导体照明器件逐步替代白炽灯和传统节能灯等电真空光源。所以，对技术规律的掌握奠定了京东方战略决胜的基础。

于是，在很多领域，基于半导体的技术都从最初的劣势变成了优势。从空间上，要看产品的应用场景，要选择应用场景尽可能多的技术，因为那样的技术更有前途。为此，京东方选择了基于半导体的 LCD 技术而不是基于真空电子的 PDP 技术。如今，PDP 产品已经基本停止生产了，而 LCD 技术给京东方带来了巨大的成功。

京东方投资于 OLED 技术也是基于类似的考虑。OLED 技术有与 LCD 技术类似的产业生态，参与的企业快速增加，应用场景广泛，技术指标也在快速提高，它代表了显示领域的未来，已经应用于一些高端产品。

针对半导体行业迅速发展变化的趋势，京东方还总结了一条"对钩曲线"，业内以京东方创始董事长王东升的姓氏而称之为"王氏定律"。其核心内容是：若保持价格不变，显示产品性能每 36 个月须提升一倍以上，而且这一周期正在缩短。京东方要想顺应这样的行业规律，不断提升自身在业界的地位，就一定要令自身的盈利和创新能力不断提升，超过行业的平均发展速度。在京东方内部流行的话是："最核心的是技术创新，技术行不一定赢，但技术不行一定输。"这种对核心及关键技术的孜孜追求，已经成了京东方企业基因的一部分。

以"立世三心"为代表的企业精神也贯穿于京东方各个方面的管理之中，并体现为因地制宜的具体内容。很多简单的话语穿越了时间成为经典，它们应该是京东方人的精神财富。比如：简单和谐的人际关系，忠诚感恩的为人准则，竞争进取的人生态度，齐心协力的团队精神。再如沟通文化中的八个字：简单、直接、深刻、妥协。正如创始人王东升所言："简单才可能直接，复杂了不可能直接，对不对？深刻，就是要把问题想明白想透了，但是该妥协时就要妥协，别一根筋。"京东方还提出，责任文化里要强调"三多"，即"多从自身找问题，多为解决问题想办法，多为攻克难关挑重担"。

结　语

京东方已经确定了自身的使命为"持续创新，为用户提供令人激动的产品、服务和体验，为利益相关者创造最大价值，为人类文明进步做贡献"。当然，创新的征途从来不曾平坦，反而布满荆棘。在未来的发展道路上，京东方必然要依赖强大的精神力量，去迎接一个个挑战，突破极限，达到新的高度。

参考文献

路风，2016. 光变：一个企业及其工业史［M］. 北京：当代中国出版社.

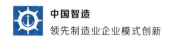

创新发展，数字赋能
——京东方数字化实践分享

张 羽[*]

感谢张志学教授，当年您曾教过我们"组织行为学"，这么多年我仍记忆犹新。在北京大学两年半的学习，对我后来的职业生涯至关重要。能取得今天职业生涯中的一点点成绩，要感谢光华管理学院，感谢张志学教授和各位老师对我多年的指导及帮助。

我首先介绍一下京东方的发展概况，然后再分享一下京东方数字化实践的发展历程、目标、现存问题与相应的应对策略。

京东方创立于1993年，现在是隶属于北京市国资委的一家国有控股上市公司。京东方的愿景是"成为地球上最受人尊敬的伟大企业"，这个目标比较高。京东方现在最核心的业务是显示屏，是该市场全球第一的生产企业，除此之外，智慧系统创新、智慧医工、传感器及解决方案、MLED融合发展。在显示方面，京东方成为半导体显示领域的全球领导者；在智慧物联方面，成为全球领先者；在生命科技和智慧健康服务领域，成为全

---

[*] 张羽，京东方科技集团股份有限公司高级副总裁、首席人力资源官、首席技术创新官。

球典范。京东方 2020 年的总营收达到 1 355 亿元，2021 年估计会超过 2 000 亿元。

在二十余年的发展过程中，京东方一直特别注重自主研发，研发投入占营收的比重平均每年在 7% 到 7.5% 之间，远高于行业平均水平（2%）。2020 年京东方在研发方面投入了 94 亿元，截至目前累计自主专利可使用量达 7 万余件，其中，海外占比达 35%，90% 是发明专利，在全球国际专利申请中排名前十。2020 年美国专利授权排行榜中，京东方以 2 144 件的成绩排名第 13 位。大家用的手机、电脑、电视、笔记本电脑的显示屏，平均每 4 块就有 1 块来自京东方。京东方显示屏的市场占有率连续 5 年保持全球第一位，整体市场占有率在 28% 左右。显示屏是京东方最核心的主业，占营收的九成。

在生态建设方面，京东方提出"开放两端，芯屏气/器和"的生态产业链规划，两端指的是应用端和技术端，旨在营造协作共赢的产业环境。

京东方的信息化建设始于 2003 年导入 ERP（企业资源计划）系统。随着业务的迅速发展，数字化系统在各个生产基地独立部署，历经 20 年已经成为支撑集团战略转型的重要抓手。从 2012 年到 2017 年，数字化伴随全国十几个生产基地逐渐成长起来。2019 年，京东方着手整个系统的服务化、平台化和云化建设。从 2020 年开始，京东方进入"集中化、统一化、标准化"的整合阶段，旨在通过流程拉通、数据标准统一、系统整合，打造一个数字化可视的京东方。

京东方数字化转型的目标是：打造一个基于流程的、不依赖于人的、高效的数字化管理体系的京东方，利用数字化运营管理手段来提升整体的管理效率和管理水平，进一步提升客户的满意度，提高内部的运营效率。

流程就是说明企业要开展哪些业务、怎么开展。"基于流程"就是要把业务流程梳理清楚，企业日常经营活动都可以区分为一项一项的任务，即流程的梳理——做了什么事，怎么做最高效，由谁来完成任务，按照流程架构体系建设数字化系统。而"不依赖于人"则是把梳理好的流程按照集团要求的统一格式，通过业务书标准化，这样工作人员熟悉业务的时间会缩短30%，最大限度地减少内部运营管理对个人的依赖。

举例说明，做客户销售时，某个销售团队对客户的需求和偏好非常熟悉，对于怎么做能够满足客户需求也很清楚，但如果不把这些隐性知识"写出来"，转存于系统，就无法将个人的能力转化为组织的能力。我们把客户管理系统（CRM）建好之后，把客户的对接人、期望值、内部的审批流程、怎么做才能让客户感到满意这些信息呈现在系统当中时，个人的能力才能够转化为企业和组织的能力。

通过数字化运营平台的打造提高企业内部运营管理的效率，这是我们希望在若干年之后能够实现的一个目标。虽然通过这些年的发展，京东方取得了一些成绩，但实际上还存在很多问题，离目标还有差距。目前京东方还存在端到端流程不通畅不标准、数据难统一难应用、IT（信息技术）系统端到端未拉通、组织—关键绩效指标—员工能力与流程不适配四大问题。虽然有各种各样的系统支持工作，但并没有形成密切的配合。

例如，从客户提出一个需求，到开发、生产、采购一系列运作，再到向客户交付，对于这些业务以前在经营当中很少从创新流程的角度来分析，所以现在希望能够从端到端（从客户端到客户端）把流程梳理得更清楚，并依据这样一个高效的流程来建设系统。这是还要继续深入的方面。

另外，实际上所有的数字化管理系统里最核心的就是数据的统一。京东方通过十几年的发展，在各个系统当中积累了大量的数据，需要花时间把数据标准在内部建立起来，使所有的系统都用统一的标准数据，实现"书同文""车同轨"。在此基础上，京东方要进一步强化数据资产化的战略性，盘活数据资源，利用大数据、人工智能等先进技术为数据赋能。随着业务的发展，京东方建设了很多系统，在实际工作中这些系统并没有完全拉通，系统之间的搭接、配合也存在问题，这是一个需要持续改造、不断进步的过程，预计要3～5年的时间才能做出成效。

现在京东方的数字化系统有300多套，这些系统需要密切配合起来，在统一的流程框架基础上进行标准化，才能成为一体，公司内部运行才能更加顺畅。

在梳理流程、业务的过程中，必然会出现一些考核指标，包括员工能力建设和未来流程建设。以下是推进数字化转型的一个大致思路和想法：

一是从集团的业务战略出发，由目前千亿元人民币的营收水平向千亿美元的营收水平迈进，这是京东方的业务目标。

二是流程的数据化。首先把线上数字化系统当中的数据固化下来，接下来是数据的可视化，再进一步把数据资产化。利用人工智能、智慧决策大数据的分析，推动生产经营管理、应用数据创造价值等。通过统一转型的管理体系，规划转型项目，进一步推动整个IT系统的建设，达成数字化转型的相关目标。

目前，我们已经规划并输出了京东方整体流程框架，在2020年年底，输出了14个一级流程和936个三级流程。同时，我们对应用系统进行同步规划。目前有若干应用系统分布在各个业务领域，后期会根据整体规划再进一步地建设和优化IT系统，支撑整个流程管理体系的建设。

到目前为止，通过项目的实施，京东方的数字化转型已经取得了一定成效和阶段性的成果，其中包括时间的缩短、成本的节省和计算效率的提升，但项目依然存在很多问题，需要进一步优化。

前面提到的是京东方在数字化转型内部管理体系建设方面正在做的一些事情。与此同时，京东方结合过去这些年在数字化建设方面的经验，正在输出一些对外的场景，对外开展业务。其中，智能工厂解决方案最为重要，已经输出了成形的解决方案和产品，可对外提供智能工厂、工业园区和企业运营的相关解决方案。2020年，我们把这部分业务从原来零散的对外输出变成了由一家公司统一提供，形成了自己的工业互联网平台。这个平台经过一年多的发展，已形成一定的体系，包含智能工厂、工业园区、企业运营的解决方案，以及一些线上的信息……2020年，京东方已经服务了50多家生态伙伴，客户数量已经超过200家，另外还提供一些API（应用程序编程接口），一些大型服务方案也在推进当中，整体上企业的成长速度还是非常快的。

京东方一直积极走数字化转型道路，以近二十年的信息化、数字化建设和经营为基础，基于"平台化、场景化、智能化、服务化"理念，打造工业互联网向外输出能力，推动产业升级。随着中国数字化管理水平的不断提升，京东方在这方面的业务需求也在持续增大。

最后我想分享一下关于京东方数字化转型的几点感受。首先，京东方数字化转型刚刚起步，未来五到十年都需要持续地进行数字化建设，才能达成理想的目标。

其次，企业的发展一定要有战略定力，需要有一群志同道合的人团结起来持续推进。自古以来的创新转型都不是一帆风顺的，不可能一蹴而就。

最后，企业创新转型（包括数字化转型）是一项长期的系统工程，不是短时间一阵风地搞运动，需要足够的耐心，在数年甚至更长时间内持续投入人力、物力。在企业经营有压力、利润有压力的时候，是完成当期的利润指标，完成经营的任务，还是在内部管理和研发上持续投入？这么多年来，京东方的选择都是后者。在经营困难甚至亏损时，京东方从来没有减少对研发的投入以及对内部管理创新的投入。

以上就是我的汇报和分享，谢谢！

第五章

三一：构建数字化生产

数智化时代制造大厂的"绝地求生"

王 政 张建君[*]

导 语

2011年，德国首次提出"工业4.0"的概念，此后，以"连接、集成、数据、创新、转型"为主要特征的工业数字化时代浪潮席卷而来，"高端制造业回归"为世界各发达国家解决制造业空心化问题提供了方向。

2015年，作为世界第一"制造大国"，中国对制造业转型升级做出规划，以政策为指向，国内制造行业由"大"到"强"的转型拉开了帷幕。

作为多个类别机械的国内市场占有率超过40%的三一集团，在这样一场转型中，董事长梁稳根率先下定决心："要么翻身，要么翻船。"2018年至今，三一集团从组织变革，到人才培养，以及最重要的软硬件技术攻克，都凭借着自身优势与对市场的判断，给出了独特的"三一方案"。其灯塔工厂的智能建设奠定了三一集团在制造业新时代的优势地位，在这一次变革中积累的经验教训，为国内其他企业乃至整个行业抵抗行业周期低谷，更为中国从"制造大国"向"制造强国"的转型，提供了依托本国实际从客观条件出发的中国案例。

---

[*] 王政，三一集团副总裁、董事长办公室主任；张建君，北京大学光华管理学院教授。

一、从德国"工业4.0"到中国做出制造业转型升级规划

2011年,德国汉诺威工业博览会首次提出了工业4.0的概念,此后工业4.0逐渐成为德国的国家战略。与此同时,欧美许多国家也意识到虚拟经济过度发展带来的弊端和风险,提出了"制造业回归"战略,试图使高端制造业重新回流至发达国家,以此解决制造业空心化问题。而随着越来越多的国家、企业将目光转向信息通信技术与制造业的融合发展,智能制造时代已然来临。

产品的智能化、制造装备的智能化、生产方式的智能化、管理的智能化以及服务的智能化……从汉诺威开始,这样一场席卷全球的变革战从发达国家打响,时至今日仍在继续,而从德国工业4.0提出的核心内容——"连接、集成、数据、创新、转型"开始,世界各国依据自身国情,纷纷开启了制造业转型之路。作为世界第一制造大国的中国,要想在这一场无声的战役中占据优势,就必须借鉴各国大厂的成功经验,同时结合中国实际进行创新。

中国制造业转型升级规划在核心理念、主要内容和具体做法等诸多方面与德国工业4.0战略殊途同归、异曲同工。在实操方面,从实现路径到推进方式,从智能制造标准化到产业基础建设,中国制造业转型升级规划提出了"自主可控、试点示范、智能制造标准化、网络基础设施建设"等举措,在借鉴德国工业4.0以及世界各大发达国家转型成功经验的同时,结合中国制造业实际提出了清晰的纲领。

二、制造业变革大潮中的三一集团:危机与机遇并存

众所周知,工程机械行业具有很强的周期性,其发展情况与宏观经济

环境、基建投资、房地产投资密切相关。以三一集团自身经历为例，2008年国家为应对金融危机，对基建行业开出了四万亿元投资的巨额支票，在这样的风口上，三一集团快速反应，招聘了大批员工，产能迅速提升，很快达到阶段性历史巅峰；2011年，集团旗下上市公司三一重工的营业收入达到507.76亿元，净利润86.49亿元。而就在一切向好，所有人都踌躇满志时，局势急转直下，因为厂家产能猛增，而市场的高保有量决定了新增需求骤减，整个工程机械行业面临着巨大危机，前期求而难得的员工、投资，转瞬就变成了企业沉重的负担，2015年三一重工的营业收入降至234.7亿元，净利润仅为496.1万元，与亏损只有一线之隔。虽然三一集团上下在共同的信仰和团结努力下最终挺了过来并在后来的年份中使利润再创新高，但当年的风险至今让领导层心有余悸。

因此，如何克服周期压力，挺过周期低谷，一直是中国乃至整个世界制造业工厂亟待解决的难题。而数字化转型无疑提供了一剂良药：企业快速发展时，可以迅速提升产能和效率；行业面临波动时，又可以在不大量裁员的前提下进行调整。

与此同时，改革开放后飞速发展、利用人口红利优势使规模不断增大的中国制造业，在新时代中，正迎来前所未有的挑战，亦面临着前所未有的机遇。

(一) 人口红利迅速消失

随着中国老龄化问题的加剧，中国劳动人口数量近年来不断下降，与此同时用工成本随之急剧攀升，企业既要面临招人困难的"用工荒"，又要面对人工成本大幅提升的经营压力。

（二）智能制造所需的工业机器人及周边技术突飞猛进，成本不断下降

据初步统计，中国工业机器人投资额已从 2010 年的平均 75 万元/套下降到 2020 年的 40 万元/套，投资回报周期平均不到 1.5 年，为企业启动智能制造创造了良好的条件。

（三）中国数字化制造仍处于发展的初级阶段，潜力巨大

中国企业数字化转型指数显示，中国仅有 7% 的企业实现了数字化制造，成为"转型领军者"，而绝大多数企业目前仍处于向数字化制造转型的初级阶段。有关研究显示，工程机械制造（装备制造）行业仍处于数字化成熟度和数字化功能覆盖程度均相对较低的水平（见图 5.1）。

作为占据中国制造业逾 40% 份额的三一集团，在中国制造业转型升级的政策背景与政策指向之下，在如此之大的行业变革与机遇面前，"转型"成为其唯一也是必然的选择。

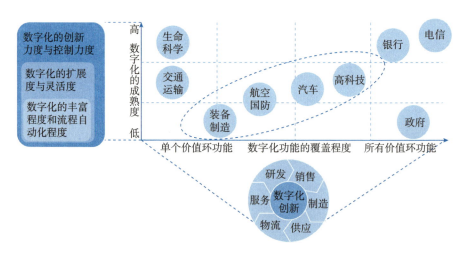

图 5.1　工程机械制造（装备制造）行业数字化水平

三、初探：数字化力量的感知

实际上，对于"数字化"一词，三一集团并不陌生。

2008年前后，中国的工程机械行业迎来一轮发展周期。此时三一集团在混凝土机械、桩工机械、履带起重机械等细分领域已经成为第一品牌，但在挖掘机、吊装设备等主力工程机械领域，仍是卡特彼勒、小松等传统外资品牌占据优势地位。

正是在这样的行业背景下，意识到不足与差距的三一集团，为了进一步提升服务和品质，开始将数据采集装置安装在设备上。在这套系统的支持下，包括发动机工况、关键部件工作时长、工作状态等信息都可以回传至三一集团的数据中心。设备故障可以得到远程"确诊"，工程师不必实地勘察，就能够提出维修或维护方案，并同步准备配件，大幅降低了售后服务成本。同时，在出故障前就进行相应的维修提示，使用户很大程度上避免或减少了由停工停产及野外抢修造成的巨大损失，大幅提升了产品的核心竞争力。

2014年，国家领导人视察三一集团。作为行业龙头，三一集团在多个类别机械上的国内市场占有率超过40%，其工况数据代表性远超统计抽样，这样的大数据平台更真实地展现了中国基建的运营情况，因此国家有关部门要求相关数据"每半个月报送一次"。

相比地方政府上报中央的层层报送机制，三一集团的实时数据真实、准确，最直观地反映了中国基建的实际情况。"挖掘机指数"的名头由此不胫而走。在微观层面，指数成为企业提升核心竞争力的重要工具；在中观层面，指数反映了相关各行业的景气程度；在宏观层面，指数为政府提供了最贴近现实的基建情况，通过三一集团的挖掘机指数等数字看板，全国

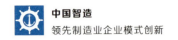

的工程项目和行业情况尽在掌握。

从最初的提高维修效率，到成为行业乃至国家层面的"中国基建晴雨表"，三一集团首次感受到了"数字化"背后所蕴含的巨大能量，集团上下从此拥有了数字化意识，亦积累了经验。

四、开战："要么翻身，要么翻船"——智能制造灯塔工厂

2018年，工程机械行业正处于市场周期的上扬阶段，市场需求旺盛，但产品供应能力却有限，各类产品缺货严重。以往针对产能不足的应对措施就是投资新建车间、购买设备、扩大招聘，但是如此一来，企业又将陷入"产能追逐市场"的"蛛网模型"中。在这样的市场环境下，秉持"要么翻身，要么翻船"的信念与拥抱数字化时代的精神，三一集团果断做出工艺变革的选择。

然而众所周知，大企业的转型面临极高的风险，智能制造升级一方面意味着巨大的投资，另一方面也意味着短期内将承担巨大的风险，三一集团作为工程机械领域的领军企业，在全国各地设立了众多的产业园，这些产业园全部是传统的机械制造车间。三一集团进行数字化转型，就意味着抛弃现有的生产方式，探索先进的生产工艺和管理模式，对工程机械制造进行智能升级。对三一集团而言，抛弃现有的生产方式，相当于"自废武功"；进行智能化升级，就是"闭关修炼"，但是对于能否顺利出关，大部分三一人还是心存疑虑的。而先驱者往往需要承担更大的风险。

面对这种压力与风险，董事长梁稳根在参加了2018年汉诺威工业博览会后，提出了"要么翻身，要么翻船"的口号，三一集团开始了谨慎的摸索——试点。通过生产设备的互联，运用数字化手段分析每台设备、

每个人的生产状况;通过合理的调整,让某个产品的产能提升了2倍。

在成功试点的推动下,2019年6月起,三一集团先后规划了47家灯塔工厂(其中国内46家、国外1家)的建设计划,总投资近120亿元。2020年8月,经过14个月的鏖战,泵送18号灯塔工厂率先建成达产,厂房面积超过10万平方米,是亚洲面积最大的单体厂房,在业内被称为"最聪明的厂房"。此后,泵送18号灯塔工厂在达成设计目标的基础上,仍然继续探索工艺技术的升级。截至北京大学光华管理学院团队前去调研时,整个工厂已比设计产能高出30%,数字化转型的成果立竿见影,这也标志着三一集团即将进入数字化转型的快车道。此外,三一集团的桩工机械、挖掘机械等灯塔工厂也陆续建成投产。

通过各种软件系统、自动化设备、视觉识别设备、"三现"管理系统,引进和自主研发大量世界先进的工业自动化方案,三一集团绘制了完整的数字化转型路径图(如图5.2所示)。至此,以灯塔工厂为核心,三一集团正式奏响了数字化转型的前奏。

图 5.2 数字化转型路径图

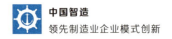

五、变革 1.0：核心工序数智化转型

从制造工序上来说，工程机械行业包含八个核心工艺，分别是下料、成型、焊接、机加、热处理、涂装、装配和调试。三一集团董事长梁稳根提出，灯塔工厂的建设首先是对八大工艺进行全面的升级，达成少人化和高度自动化、数字化的目标。

以泵送 18 号灯塔工厂为例，三一集团通过智能制造升级，突破了七项关键工艺（自动分拣技术、视觉识别技术、自动成型技术、大件自动组对技术、复杂件焊接技术、一站式自动加工技术、自动物流调度系统），并对 26 项工艺技术进行了大幅升级，实现了工序间物料流转 100% 的 AGV（自动导引车）自动配送，完成了传统重工制造业的数字化蜕变，形成了"钢板送进去，泵车开出来"的生产模式，将工程机械制造水平提升了一个台阶。

（一）下料工艺

下料工艺是指经过钣金、放样或者编程、数控切割，将钢板、型材制作成金属结构件的作业过程。泵车的生产要用到大量的钢材，其中主要是高强度的钢板材料，厚度为 8～50 毫米。泵车生产的第一步就是要对这些高强钢进行"裁剪"（切割），将其做成基础零件。

在传统的下料工艺中，人工做好套料图输入数控切割机，完成切割后再由人工进行零件的分类和整理。整个工序烦琐，工人劳动强度大，作业效率低，质量无追溯。

三一集团在对汽车等行业的先进下料工艺技术进行充分消化吸收的基础上，结合重工业的实际情况，大胆提出"下料分拣无人化"工艺的概念。

通过 DIP（集中下料平台）智能套料开发、智能行车钢板自动上下料、视觉识别技术应用、切割机智能化改造、机器人分拣零件等关键技术的突破，实现了套料智能化、切割下料无人化、钢板换件自动化、零件分拣机器人化的构想蓝图。通过不断攻坚克难，下料工艺实现了巨大突破（如图5.3所示），大大提高了人力资源效率，降低了96%的人力成本，实现了少人化；与此同时，设备作业率由40%上升到80%，零件的分拣搬运实现了无人化；而通过机器人的分拣及激光打码作业，实现了生产的订单化，过程可控制，质量可追溯。

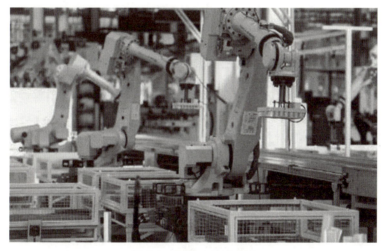

图 5.3　下料工艺示意图

资料来源：三一集团内部资料。

（二）成型工艺

成型工艺是指金属材料在外力作用下，形成具有一定形状及力学性能的产品，泵车生产最主要的成型工艺是折弯成型及焊接零件的开坡口工艺。

传统的折弯成型工艺俗称"一个机床一双手，一把尺子量所有"。折弯零件的尺寸精度完全依靠工人的细心程度及经验，质量可控度低，且无法统一标准。为此，三一集团工艺研发团队开发出机器人折弯跟随算法，找到了机器人与自动折弯机的最佳结合方式，实现了全程100%无人化作业。同时，基于大量的理论计算及工艺试验开发了折弯工艺专家库，平均折弯效率较人工提升了2倍，其中多道折弯作业效率更是提升了4~6倍。

而传统的焊接件开坡口工艺一般使用大型铣边机作业，效率及自动化程度非常低。针对这个问题，三一集团自主开发了中小件坡口工作站和大件坡口工作站，用等离子切割取代机加坡口工艺，对机器人、切割平台与输送线进行高度集成，探索激光、重力及电缸定位方式，实现坡口切割无人化作业（如图5.4所示）。作业效率较人工提升了70%，除保留必要的工装换型外，自动化率达到100%。

图 5.4　成型工艺示意图

资料来源：三一集团内部资料。

（三）焊接工艺

焊接工艺是指以加热、高温或者高压的方式接合金属或其他热塑性材料的制造工艺，是泵车生产的核心工艺。泵车中笨重的结构件给焊接工艺带来了巨大的困难。传统的焊接绝大部分是手工作业。工人相互协作完成结构件的组对和焊接，效率低，作业环境差。

对此，三一集团采用大量的搬运及焊接机器人代替人工完成组对及焊接的工作，突破了超重、超长件的组对技术等多项行业工艺技术难题（如图 5.5 所示）。集团还首次应用了超大吨位焊接变位机、C 型焊接变位机，机器人焊接率达到 68% 以上，原来需要 2 个人协作完成 1 个转台的组对作业，现在只需要 1 个人操作组对机器人就可以完成 4 个转台的组对作业，大幅降低了工人的劳动强度。

图 5.5　焊接工艺示意图

资料来源：三一集团内部资料。

（四）机加工艺

机加工艺是指通过机械设备对工件的外形尺寸或性能进行加工。按加工方式上的差别，机加可分为切削加工和压力加工。传统机加工艺已相对成熟，但工艺布局往往较为分散，上下件、清理装箱等工作仍需手工完成，自动化程度不高。

三一集团通过搬运机器人和 AGV 自动物流的推广应用，由制造运营管理（Manufacturing Operation Management，MOM）系统下发任务到机台，实现了销轴和阀块从原料到机床、从机床到料框再到立体仓库的全程无人化作业，自动化率超过 80%（如图 5.6 所示）。

图 5.6 机加工艺示意图

资料来源：三一集团内部资料。

同时，三一集团还开发了数字孪生系统，对销轴和阀块的机加过程进行了 1∶1 的模拟还原，可以为工艺人员提供清晰的过程分析。

在泵车的转台、转塔、支腿等大结构件的机加方面，三一集团也实现了"一键启动"式的机加模式，设备加工过程完全杜绝人工干预，并且开发了快换工装，通过交换工作台作业来提升设备作业率，生产效率可以提升 2~3 倍。

（五）涂装工艺

涂装工艺是指将涂料涂敷于物面上，经干燥处理后形成保护膜。由于工程机械整机重、零部件大等特点，行业一般采用喷涂的方式进行涂装。

泵车涂装工艺主要是指结构件的涂装，在传统的涂装作业中，涂装前的表面处理（如抛丸、清洗等）、底漆喷涂、面漆喷涂等均为人工作业，作业环境非常差，焊工的招聘比较困难，成本也比较高。

为了解决这一问题，三一集团运用涂装机器人及自动抛丸等自动化设备代替人工作业，并且集成了自动抛丸喷淋等前处理、智能调漆、机器人喷涂、温湿度自动调节等先进技术（如图 5.7 所示），实现工人数量减少 45%，生产效率提升 50%。

图 5.7 涂装工艺示意图

资料来源：三一集团内部资料。

（六）装配工艺

装配工艺是指按照一定的精度和技术要求，将零件连接或固定成为产品。在传统的泵车装配作业中，无论是拧螺丝、小件搬运还是大件行车吊装，几乎都是靠人工完成，作业空间局促，强度大，而且质量很难控制。

针对传统装配工艺的上述问题，三一集团通过运用机器人、自动拧紧机、助力机械手等自动化设备，对工艺水平进行了全面提升，生产效率提升了 50% 以上，同时实现了扭矩管理在线化，可以有效地防止扭矩错打、漏打等问题，并保证产品质量的稳定可靠。其中，小阀自动装配线还开发了螺纹清丝系统，实现阀块螺纹清丝自动化和无人化。

六、变革 2.0：软件系统数智化支持

工业软件是现代工业的灵魂，也是灯塔工厂的设备可以实现自动化生产的重要保障，甚至可以说是制造业竞争力的根本所在。三一集团很早就通过 iMES（智能生产执行系统）实现了车间与 ERP 系统的信息同步，实现了对在制订单与产品质量的管控。但在智能制造快速发展的今天，原有的 iMES 在信息实时性与管理颗粒度上已逐渐跟不上现代制造需求。

一方面，工厂因在制订单报工不及时而无法实时查询订单进展，从而无法向客户提供准确的交付时间。另一方面，因为信息无法有效归集并与工件终身绑定，在对配件质量进行复盘时，配件的质量信息无法追溯到当时的生产设备和道具信息，从而无法继续穿透分析，错失批量整改的机会。

同时，随着三一集团智能制造的发展，制造过程在硬件上的自动化上升到新的高度，但全局资源的有效调度与精准物流配送成了新的瓶颈。为此，三一集团与世界一流工业软件企业达索合作开展了 MOM 系统的建设和实施。

如果把 MOM 系统比喻为智慧工厂的大脑，那么这个大脑就承担着找到全局生产资源最优化配置方案的任务。为了得到这个最优解，参考 ISA-95（企业系统与控制系统集成国际标准）和国际最佳实践，三一集团的 MOM 系统自下而上地构建了由数据层、应用层、决策层组成的系统架构。其中主要包含了七大核心功能模块：智能互联、计划排产、生产执行、工艺管理、质量管理、物流配送、生产指挥中心（如图 5.8 所示）。

这七大模块构建了一幅极具代表性的工业 4.0 蓝图。生产订单通过计划精准输送给设备，并自动下发到工作岛中控。同时，系统将物流拣配信

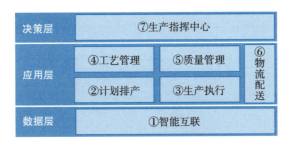

图 5.8　MOM 核心功能模块

息下发到立体仓库，驱动 AGV 准时准点地将待加工物料配送到工位。中控在接收到计划确认物料到位后便自动驱动设备开始加工生产。在加工过程中通过智能互联模块实时监测设备、刀具等参数，过归集实时采集的质量数据并上传到 MOM 系统中，做到了整个生产过程实时在线。生产指挥中心犹如整个车间的驾驶舱，人机料法环的关键要素在整个屏幕上一目了然，制造管理者可一目而知全貌。

各主要工作模块详细说明如下：

（1）**智能互联**。通过 IT 与 OT（运营技术）的融合，MOM 系统与产线自动化设备的中控系统、工位级子系统、数控等设备系统进行自动化集成与联动，同时与 PLM（产品生命周期管理系统）、ERP、GSP（全球供应商门户系统）等业务系统集成，从硬件与软件两方面可概述如下：① 通过与产线或作业岛中控系统、事业部级设备互联平台的集成与打通，实现生产任务、质量参数及工艺参数等指令的自动下发，驱动产线、作业岛的自动执行，同时采集相关加工数据，实时反馈执行结果及生产异常，并与人员管理、能源管理及环境管理等系统集成与融合，为生产过程监控、产品质量分析及设备预测性维护、工艺优化等智能应用与分析提供支撑。② MOM 系统与其他多业务系统通过统一的数据总线集成（如图 5.9 所示），支持工艺、计划、采购、生产和服务等业务的一体化运营。

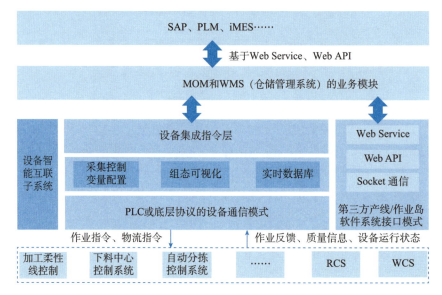

图 5.9　MOM 集成示意图

（2）**计划排产**。对承接主生产计划的生产任务进行有限产能的模拟排产，并将排产结果推送至生产执行模块；同时，通过动态最优化调度来管控整个生产过程，核心功能包括排产建模、工序排产、生产均衡管理、模拟排产、齐套检查、异常处理、动态智能调度等。

（3）**生产执行**。该模块承接排程结果，结合工艺要求和质量要求，将生产任务自动下发（包括中控、设备、人），并实现生产执行过程的信息采集、监控和进度展示及异常自动报警、预警；将配送需求自动推送至 WMS，实现物料的自动化配送与流转；实现生产过程信息可追溯、可视化管理及生产资源管控。如阀块工作中心将排产好的订单下发到阀块中控系统，并提前给物流系统下发物料配送指令，驱动 AGV 将毛坯等物料自动配送到指定工位，中控判断生产资料均到位后即下达开工指令，驱动阀块柔性线开始加工。

（4）**工艺管理**。工艺管理要确保对所有加工工艺图纸、NC（数字控制）程序及与之对应的质量检测要求进行管理。在驱动设备开始加工前，中控会根据订单中的产品型号来选择与之相对应的图纸及 NC 程序，同时会把自动检测的尺寸、外观等质量要求下发到自动检测装置。

（5）**质量管理**。该模块实现了质量的检测、追溯与提升。系统可以根据各工位/工序检验要求，启动在线/离线形式的自动或人工检验，并且可以通过系统实时采集质量相关数据，质检功能需覆盖收货检（IQC）、出厂检（OQC）、过程检（IPQC）等，并包含不合格品处理、例外转序和特采等相关质量功能，在加工过程中驱动自动检测单元对工件进行检测，并将结果与工件序列号自动绑定，若检测到不合格品则自动启动不合格品处理流程。

（6）**物流配送**。物流是整个制造的"大动脉"，订单下发之前，系统将会通过 WMS 下发物料清单到立体仓库自动拣配，并通知 AGV 将物料自动配送到相应工位。物流的顺畅、及时与否在一定程度上代表了智能制造的水平，图 5.10 是三一集团的 MOM 物料配送场景。

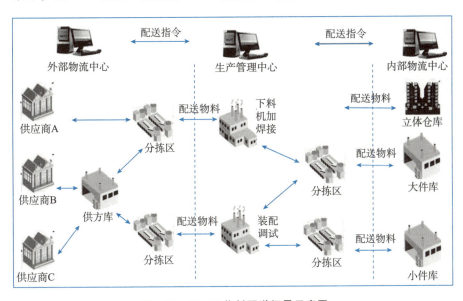

图 5.10　MOM 物料配送场景示意图

（7）**生产指挥中心**。通过提供大数据可视化分析工具，支持定义数据分析和监控规则；通过对生产过程数据的分析与预测，为生产、工艺和质量改善提供支撑，提高管理决策效率。该中心包含了生产运营多层级管理、生产指挥画像管理以及工厂和产线的三维动态可视化，能够以三维动态可视化系统支持以三维动态为主体的生产管控中心，包括工厂级、车间/产线级、工位级的三层立体可视化的指挥环境，以及工厂级的三维漫游数字化模型，而且能够支持工厂的生产信息动态展示，支持高清显示屏/指挥大屏的动态展示。

总而言之，MOM 系统基于通用组件，建立了下料、成型、焊接、机加、热处理、涂装、装配、调试等八大工艺所需的应用子系统 App（应用程序），然后与八大工艺的自动化产线集成和联调，实现各车间、产线、工位和设备的自动化运行。此外，MOM 系统还建立起生产大数据的智能分析及决策平台，支持从订单到交付的生产制造全过程的实时监控和分析，实现了生产现场透明化管控。

MOM 系统通过持续提升工艺管理、计划排产与执行、设备互联、质量管理、物流配送的自动化水平，利用与设备互联（Internet of Things，物联网）的有效结合，以及生产制造设备的智能化，可以实现"工艺模型化、计划精细化、执行透明化、配送精准化、要素互联化、品控全面化、数据标准化、决策数字化"。从 MOM 系统在泵送 18 号灯塔工厂运营一年多的情况来看，可以实现制造周期缩短 18%，入库准时率提高 30%，在制品库存减少 10%，有效实现了提质、降本、增效的初步目标，更为智能制造提供了强有力的系统保障。

目前，三一集团 MOM 系统正在集团层面如火如荼地实施，并已经取得了一定的成效。通过 MOM 系统的实施，部分工位自动报工效率大幅提升，计划月度完成率达到了 80% 以上。在仓储管理方面，AGV 物料自动转运得到了广泛使用，80% 以上的物流通道实现了 AGV 配送，入库准时率提高了 30%；立体仓库不但日吞吐量提升了 30%，而且单位面积仓储利用率大大提高；仓库人均作业效率提升了50%，在制品库存减少了10%，灯塔工厂工人进一步实现了高达57%的省人化率。

"宝剑锋从磨砺出，梅花香自苦寒来"，MOM系统实施团队对这句话感触颇深。在汽车行业，MOM系统是被达索应用得炉火纯青的"宝剑"，但在工程机械行业，其前期落地就被小批量、多型号、工序繁多、大件加工复杂等问题给了当头一棒。面对前所未有的挑战，达索团队以及三一集团的IT部门、工艺部门、制造部门等多个领域的专家与关键用户在一起讨论需求，梳理流程，凭借"疾慢如仇"的工作作风使MOM系统在达索认为不可能的几个月内上线。相信在不久的将来，MOM系统通过逐步优化，可以进一步成为制造体系真正的大脑，用数字化驱动整个制造车间的有序良性生产。

七、反思：经验与教训

在数智化转型变革之路上，三一集团得益于先天的优势与各方三一人的努力，积累了许多经验；而作为先行者，在诸多实际运用层面，三一集团亦面对无数的困难，在此过程中吸取了不少的教训。这些经验与教训是中国从"制造大国"向"制造强国"转型之路上最为真实也最为宝贵的财富，对同行业乃至跨行业的其他企业具有重要的借鉴意义。

（一）经验

经验之一：转型意识的唤醒——坚定的转型信念

三一集团董事长梁稳根早在2015年就开始关注数字化的最新进展，一方面在短时间内阅读了大量的相关书籍、资料，找机会跟各个领域的专家学者交流，以此来提升自己的认知，把握数字化转型方法；另一方面，在集团层面通过"在线学院""读书分享""专题测评"等方式不断强化所有三一人的"数字化""互联网"思维，以至于集团领导"言必谈数字化"。

同时，三一集团在组织架构上进行创新，从组织上保障了智能制造的落地：在集团层面成立智能制造总部和智能研究总院两大一级部门，各子公司及各业务部门也都成立了数字化专项小组，以此来推动数字化认知转型与项目落地。此外，总部通过广泛采集数据，对各单位进行"画像"考核，促使其高度重视数字化工具的应用。

经验之二：智造人才的储备与转化

智能制造的升级需要大量专业人才的储备。2019年，三一集团进行薪酬改革，全面提升了集团员工的薪资水平，增幅普遍高达30%，尤其是对于研发技术岗位人员和硕士、博士等高端人才来说，薪酬待遇的增幅更大，使得三一集团的人力资源品牌得到了大幅提升，极大地增强了对人才特别是集中于互联网企业和外资企业的智造人才的吸引力。

与此同时，三一集团强力推进员工数字化技能的培训，并出台了四项激励举措：鼓励工艺和技术人员学习机器人编程语言，外派脱产学习机器人编程，与培训基地联合办学，加大机器人编程人才的引进力度。集团要求所有工艺人员及制造车间主任必须掌握机器人编程语言，并根据岗位需求对通过等级资格认证的工程师给予一定的激励，"让员工更有钱、更值钱"。

2020年，三一集团在三一工学院迅速筹建完成"智造基地"，面向全集团开设机器人理论及实操脱产培训课程，业务场景覆盖集团各子公司，如机器人焊接、搬运、码垛、涂装以及多机协同离线编程、在线仿真等，通过参数优化实现能耗最低、路径最优、质量最佳。在完成自有人才快速"造血"的同时，也激发了技术人才主动探索的劲头。

截至2020年12月，三一集团共完成各项理论培训21期，培训人才

400 余人，实操训练 18 期，经等级考评认证 240 余人。完成培训的智造人才很快投入实践工作中，并将机器人编程知识和技能广泛应用于各项工艺提升中，为灯塔工厂建设提供了人才保障。

经验之三：选择既先进又成熟的技术——生产与试验两步走

三一集团作为工程机械行业智能制造转型的先驱，能够率先突破"试点困境"，离不开成熟工艺的保障。任何一个技术突破的子项目，从原有工艺的分解，到新技术路线的选择、子工序供应商的遴选、详细方案的评审及选定，最后到项目的落地，按照原来的流程往往都需要耗时一年以上。在此期间，工厂很可能会面临原有设备改造、搬迁甚至停产等压力。因此，项目一旦失败，不仅无法收回投资，还会对现有产能造成重大不利影响，这对市场供不应求背景下的企业而言无疑是巨大的灾难。因此，选择成熟而先进的技术路线，确保项目落地"一次成功"，既能推动项目尽快见效，又能极大地鼓舞集体士气，更加坚定转型的信心。

对于"先进而不成熟"的工艺技术，三一集团则保持了密切关注和应用储备的态度。比如，起重臂长直焊缝的激光复合焊接技术，较目前的双丝焊接技术，效率可提升 100%以上，单位坪效提升 300%以上，但因其对折弯成型及组对精度要求过高，且三一集团目前尚未掌握和攻克技术难点，所以目前仅进行工艺试点，希望待技术突破后再进行全面推广。

经验之四：敏捷原则，快速进化——从 1.0 到 2.0

敏捷工作能使组织持续进行变革，同时也能预判技术的局限，从而突破瓶颈。三一人"嫉慢如仇"的工作作风恰到好处地落实了敏捷原则，对于灯塔工厂而言，这意味着快速迭代和持续学习。技术路线也因此得以逐步"标准化""模块化"。

对于进入"无人区"的灯塔工厂而言，即便前期立项、总体方案、详细设计等重要关口都进行了严谨的论证，技术风险依然在所难免。技术难点的不断产生和不断攻克将贯彻整个灯塔工厂建设的全生命周期。为了应对这种情况，各灯塔工厂小组均成立了以工艺和供应商为核心，制造、商务等职能部门为辅助的项目组，快速反应、快速决策、快速验证，保证灯塔工厂建设的快速推进。

得益于敏捷原则，灯塔工厂快速自我进化，在众多子工序产线中也逐步形成了"模块化""标准化"的技术储备，比如"无人下料线""智能折弯单元""等离子自动坡口""智能机加工作岛"等，为灯塔工厂后续的扩建和复制积累了宝贵的经验。

（二）教训

教训之一：未充分考虑机器代替人工对员工稳定性的影响

灯塔工厂并不是完全无人化，其目的也并非"消灭"人的劳动，而是以更高的技能水平来提高整体效能。伴随着智能化与数字化时代的来临，各种类型的机器人越来越多地由幕后走向台前，机器人因其高效、准确且不知疲倦的"非对称优势"，正在对越来越多的传统工种实施"降维打击"，在这一转型过程中，不同形式的"卢德运动"（工人抗拒使用甚至破坏机器）可能会重新上演。

以泵送18号灯塔工厂为例，在机器大量取代人工劳动后，三一重工制造总部对人工工时和工价进行了核减处理，直接导致工人的显性收入降低25%左右，再加上机器替代人工之后可能出现的结构性失业，这两种预期导致工人产生了"生存性威胁"的恐慌情绪。为了保证收入的稳定，工人变得不愿意主动使用机器人，甚至会通过调整工序等方式故意干扰机器人的高效作业。

最开始的时候，三一重工制造总部并没有预见到这一后果，因此并没有及时对工人的情绪进行疏导，从而导致恐慌情绪在工人群体中迅速蔓延开来。在这种情况下，机器人也蒙受了"利用率低下""技术方案不行"的"不白之冤"。此外，灯塔工厂的投产运营恰逢生产高峰期，有时为了确保产能的实现，也为了安抚工人的情绪，三一重工制造总部只能放弃还未完全成熟的智能化产线，反而选择以增加人工的方式来完成紧急的生产任务。智能制造的进一步优化受到了阻碍，灯塔工厂效能最大化的节点延期了一个月。

教训之二：工业软件系统认识不足

相较于工业3.0的自动化，工业4.0基于传感器及芯片的广泛应用获取了海量数据，并借助专业的工业软件系统进行数据分析和机器决策，至少可以为人工决策提供有力支撑。

三一集团采用的MOM系统是与全球知名工业软件提供商达索合作开发的，虽然双方的实力都很强，但依然存在以下不足：

一是业务与需求背离。三一集团的MOM系统基于达索基础平台Apriso进行二次开发，但Apriso之前主要应用于大批量、标准化的汽车行业，对于工程机械行业小批量、多品种的场景则难以直接满足，项目组需要依据具体场景进行大量的定制化开发。

因为MOM项目启动之初，系统开发人员仅20人，且工艺、生产、仓储、质量等需求部门参与较少，开发人员对使用需求调研不充分，造成MOM系统一度好几个月未取得实质性进展。

二是部分技术冒进。由于项目组对现有先进技术应用局限性和复杂性的认识不够充分，部分子工序项目技术方案初期调研不够深入，可能产生应用风险。比如转台自动组对焊接机加产线，原组对采用3D视觉识别与2D视觉识别相结合的定位技术路线，即采用3D粗抓取、2D精定位识别方式。但因为机器人及变位机坐标转换困难，组对偏差已超过标准要求，最后不得不进行调整。再加上该项技术已批量应用，导致后期整改周期较长、整

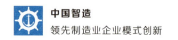

改成本较高。

教训之三：跨部门协同不足

很多项目的应用本身需要多个部门参与其中，如产能、设备及配置人员的规划通常由工艺部门完成，供应商遴选及设备的招采由商务部门完成，设备操作、人员调配及具体产能分配则由制造部门完成。因此，有效实现跨部门协作，克服"本位主义"以最大限度地降低沟通成本变得尤为重要。

在项目开展过程中，工艺部门、供应商、操作工人等均为"干系人"。项目初期，团队多数以工艺为核心，以供应商为主要技术力量，其他业务成员如制造、研发及质量部门等参与较少。而且工艺部门通常情况下也极少主动将其他业务部门纳入项目组中，这势必会给项目达成带来较大的技术风险。

以油缸装配工作中心板链输送线改造为例，工艺人员及供应商在经过简单的现场调研后，便制定了"双工位无动力"输送线，以实现"1人"取代"2人"的省人化目标，没有充分论证其可行性，也没有与主要操作手沟通操作的便利性，甚至对所装配产品的特性也不完全了解，就是在这样的情况下完成了方案定稿，最终导致项目失败，回归原始方案。

究其原因，是因为跨部门的协同和沟通不够，从而系统流程设计人员对业务的了解不够深入。随着项目的推进，业务部门加大参与度，并大力培养内部业务顾问，项目开发和应用水平才最终得到大幅提升。

教训之四：供应商遴选困难

智能制造技术的实现高度依赖于具备"成熟经验"的合作伙伴，三一集团在灯塔工厂建设之初便成立了专项设备集采和智能制造采购两大采购业务小组。对机器人、机器视觉、力矩套件、焊接单元等进行集采，生产类设备如切割机、折弯机、机床、变位机等则由智能采购小组在全球范围内进行招采。

工程机械行业的智能制造转型对于主机制造商而言是无人区，对于众多的供应商而言也同样鲜有涉足。尽管集团从商务准入、应用技术业绩审核方面进行了严格的风险控制，但仍然难免鱼目混珠。比如某知名机器人公司承接转台焊接工作站，但是其在设备运行的稳定性及可靠性上均无法保证生产需求，频频出现变位机刚性不足等重大技术问题，项目因此被迫终止，最后转给其他供应商。

同样，MOM 系统供应商也面临实施能力不足的问题，从其架构设计蓝图到实施人员组成均难以契合项目需求，也严重影响了灯塔工厂的成果实现。

因此，合作伙伴的选取对于项目能否成功实施至关重要，一旦选错就很可能会让项目陷入"左右为难"的尴尬境地。

八、回顾：作为中国"制造强国之路"缩影的三一集团

通过对三一集团数智化转型之路的回顾与思考，一方面，我们可以更好地了解工程机械行业智能制造转型升级的进展及方向，探索中国工程机械行业未来的发展趋势，甚至可以从中窥见中国制造业高质量发展的全貌；另一方面，灯塔工厂作为三一集团智能制造转型的重要内容，更具有研究和推广的意义，特别是可以为整个工程机械行业企业的发展提供参考，更好地帮助中国工程机械行业企业"跨越周期"。

制造业是国民经济的载体，是国家科技水平和经济实力的体现及重要标志，也直接体现了一个国家和民族的文明程度。制造业高质量发展的关键，就是产业的数智化转型，这是当前最大的确定性和时代机遇，将深刻地改变生产效率与生产方式，其能量远远超过近年来的消费互联网，必将引发全球新一轮的产业分工调整。在第四次工业革命的推动下，一场宏大的变革才刚刚开始。在这场变革中，无论是国家还是企业，谁把握住了先

机，谁就能够成为新的赢家。如果在中国这片"沃土"上发动一场深刻的变革，即智能制造的变革，就能推动中国真正从制造大国迈向制造强国，中国的制造业企业也将借此东风在全球竞争中掌握更大的主动权。

虽然当前中国制造业仍有被"卡脖子"的风险，但可以预见的是，在政府和企业的共同努力下，坐拥全球最大的单一市场，加上四十余年发展打下的良好基础，中国制造业只要稳扎稳打地加快产业结构升级，推进自主创新，全面发力智能制造的转型升级，就一定能使中国从一个制造大国真正变成一个制造强国。

三一集团数字化转型的思考与实践

陈立军[*]

各位专家、老师、同学们，大家上午好！我是北京大学光华管理学院EMBA 135班的陈立军，非常荣幸能有机会在这里做分享。今天我分享的题目是"三一集团数字化转型的思考与实践"。

首先，简单介绍一下三一集团的情况。目前，三一集团有5万名员工，几家上市公司的市值合计接近3 000亿元，2021年的销售额为1 368亿元，净利润超过230亿元，是中国最大、世界第三的工程机械装备制造企业。

从三一集团2010—2020年11年的销售额和利润数据可以看出，三一集团在2011年时的销售额、利润达到历史上的最高水平，随后就是断崖式的下滑，在2015年出现了历史上的首次亏损，2016年亏损得更多。2017—2021年，随着行业的复苏，销售额和利润也重新恢复了增长，并不停地刷新集团的历史纪录。可以说过去十多年的"深V走势"，是一个穿越熔炉的过程，既波澜壮阔，又刻骨铭心。繁荣时扩张，萧条时收缩，再扩张，再收缩，我们认为这种发展模式不健康，更不可持续。如何穿越行业周期

---

[*] 陈立军，三一集团战略发展办公室主任。

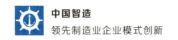

和宏观经济周期？这是 2012 年以后集团想得最多的事情。

下面我简单介绍一下三一集团的使命和共识。三一集团的使命有两个：一是品质改变世界，就是以极高的产品品质和服务来改变中国产品的世界形象，并推动建设人类美好生活。二是成为智能制造的先驱。我们希望带动千千万万的中国企业进入数字化时代，大幅提升中国产品的全球竞争力。数字化是三一集团管理层最核心的共识，我们认为大胆、有效的数字化战略将是胜利企业和失败企业之间的最大区别。对于数字化，我们要像和尚念"阿弥陀佛"一样念念不忘，以"要么翻身，要么翻船"的决心，努力把数字技术发挥得淋漓尽致。

三一集团为什么要进行数字化转型？首先，我们的外部市场、客户、技术、商业模式都在发生变化，三一集团需要通过全面的数字化来应对变化，才能制胜未来；其次，我们认为数字化是三一集团抓住变化的可能，通过建立数据收集、处理、分析、决策的数据驱动决策闭环，提高企业的整体运营效率；最后，我们认为数字化是提升企业运营效率、实现收入增长及成本降低的有效工具，例如通过数字化营销等手段进行新市场拓展以实现收入提升，通过智能制造来降低企业的运营成本，通过大数据驱动的更精准有效的经营管理决策来提升运营效率。

我们认为数字化可以帮助三一集团实现"三近"：离客户近、离制造现场近、离管理现场近，进而为新的商业模式转型创造条件。具体来说，离客户近是三一集团持续发展和增长的核心，要通过智能化产品、互动平台及整合外部数据，优化客户体验，增加客户黏性，提升品牌知名度，降低营销成本，在为现有客户提供全渠道体验的同时，挖掘潜在客户，精准营销。

离制造现场近就是希望通过做好 OT、IT 以及 OT+IT，全面实现智能制造，提升产品质量、降低成本以及让交货期更加柔性。离制造现场近也意味着要从业务层面拉通研、产、供、销全价值链流程，完成系统的固化及系统间的打通，建立起端到端制造运营管理体系和标准，最终将数字化、自动化相结合，实现生产线、车间及整个工厂的统一布局。

离管理现场近就是要通过流程重塑、信息系统固化、数据互联等改变管理习惯，实现跨价值链条全透明、可追溯的一体化管理，以数据为驱动，通过智能管理驾驶舱的建设，实现"透明管理、跨价值链协同"以及数据驱动的决策制定。

数字化发展的推进历程，我们认为要分阶段进行。通过在线化、网络化、智能化三个阶段，围绕离客户近、离制造现场近、离管理现场近三个需求场景，按计划推进，最终实现商业模式的创新和突破。

以上是我们关于数字化转型的一些思考。下面简单介绍一下我们数字化转型的一些实践。

三一集团数字化转型的起点是 2014 年，当时的背景是"三高"：逾期高、存货高、成本高。具体表现为缺乏系统性市场与客户洞察、业务不透明、货款对不清、预测不准、存货居高不下、设计变更频繁、应对市场波动响应慢、计划不准、物料清单不准，等等。对于销售部门来说，要卖的没有，不要的一堆；对于制造部门来说，预测不准，商务缺件；对于商务部门来说，计划天天变，保供困难；对于财务部门来说，业务不规范，对账困难。总之，信息不共享、不对称、不协同，部门间互相指责、互相扯皮、互相推诿，内部沟通成本极高，市场反应极慢，整体协作效率极低。

我们当时希望能够通过打通核心业务主线，增强市场客户洞察，提升全产业链效率，打通从销售线索到回款的全产业链，实现从客户到客户的端到端闭环管理。2015 年，在埃森哲、IBM 等知名咨询公司的建议和参与下，三一集团启动了数字化变革，目标是打造卓越运营体系、强化核心竞争力，形成了应对快速多变的内外部环境的能力以及四条变革主线：聚焦卓越运营的供应链管理；以市场为导向、客户为中心的营销服务管理；标准化、集约化的运营管理；组织能力化的战略管理。

我们在遵循变革总体推进策略的基础上制订了详细的落地实施计划，变革的总体推进策略有四点：一是线点兼顾、协同推进。重点是抓供应链主线、抓计划体系和清单管理。二是业务优先、技术使能。达成业务共识是变革的关键，既要避免变革文档化，又要避免变革技术化。三是迭代推进、变革管理。经过3~5年，持续迭代，不断优化推进。四是夯实基础、突破创新。打基础和上水平同步推进、同时突破。

三一集团的数字化分为四个阶段：1990—2000年是破冰期，2000—2010年是基础建设期，2010—2020年是高速发展期，2020年以后是数字化蝶变期。2014年是三一集团数字化转型达成共识的关键节点，2015—2018年是正式落地实施并持续优化的一个时段，从2019年开始，集团重点围绕灯塔工厂的建设进行布局。

三一集团的数字化转型业务框架包括五部分：一是数字化战略愿景，即 三个"3"——销售额增加至3 000亿元，产业工人减少至3 000人，工程师增加至30 000人，我们希望通过灯塔工厂的建设来达成这个愿景；二是智能化创新业务，包括业务创新和模式创新，我们希望通过产品的电动化和智能化来达成；三是核心业务数字化，包括研发、制造、供应链、营销、服务等领域的数字化，我们希望通过工业软件应用与优化来实现；四是管理体系重塑，包括管控、流程、组织、指标体系等，我们希望通过流程的标准化、在线化、自动化、智能化来达成；五是数字基础，包括工业互联网平台、数据中台、数据采集、技术创新等，我们希望通过深化数据管理与应用来达成。

三一集团的数字化转型基本实现了从生产端到需求端的全面数字化，不仅实现了降本增效、提升了制造效率，还颠覆了重工业的商业模式，开辟了新的营收增长点。以最少的工人数量，实现最大的人均产值；以最少的设备，达到最高的设备利用率；以最短的时间，优化最多的流程；规范作业行为；消除欺骗行为；利用客户数据反哺研发；提供敏捷的后市场服务；进行精准的风控；创新商业模式。三一重卡通过供给侧和营销侧的双重创新，开创了重工业品的互联网营销模式，"500台重卡53秒售完"，第一年就实现1.2万台的销量，两年内从零开始跃居行业第7位，书写了重工行业的互联网传奇。

下面简要地汇报一下三一集团进行数字化转型的一些经验，我总结了八个方面：

一是数字化是"一把手"工程，责无旁贷。"一把手"自己不明白什么是数字化，不知道如何数字化，不知道如何参与、推动数字化，就无法搞好数字化。董事长梁稳根去日本、德国等国考察先进工业制造；几乎研读了市面上能买到的所有关于数字化方面的书籍；每天抽出至少1.5个小时来学习数字化；筛选价值高、有内涵的文章与书籍，要求高管团队进行充分的数字化"洗脑式学习"；强力推动，及时发现数字化的工作进展、问题、亮点和风险并予以及时解决。

二是代际传承，分工明确。三一集团的数字化由接班人宣传教化，董事长全力推动：接班人并不会局限于当前的财务数据，而是视野宽广，接受新鲜事物的能力强，具有理想主义情怀，并且是最能说服核心决策者的人；董事长具有足够的号召力和推进政策的影响力。二者完美配合，互为补充。此外，我们还在外围做了产业投资基金、工业互联网平台等外部孵化安排，确保有足够的外部视角来促进内部数字化的转型。

三是认知升级，达成共识。数字化改革知易行难，推行数字化就是要否定现在的系统和做事方法。在实施初期，大部分人都是"口是心非"，甚至越是高管，口头上越支持，行动上就越抵触。大家都认可数字化，但都不乐意在本部门实施数字化；只愿意在战略上说数字化，不愿意在行动上执行。所以集团采取了各种可能的办法，如组织高管参加国际数字化展会；发动全体管理人员学习数字化经典书籍并进行测试；写数字化读书心得；举行数字化转型演讲比赛；制定数字化转型规划；采取一切可能的措施将数字化思维在高管中入脑入心。

四是他山之石，可以攻玉。虽然管理咨询成果很难在企业落地，但对于核心管理层拓宽视野、理解最前沿的做法、达成共识起到了很重要的作用。我们在咨询方面舍得投入，广泛征求和借鉴外部专家的意见，聘请埃森哲公司做数字化转型的顶层设计；聘请 IBM 公司做数字化的落地规划；在灯塔工厂项目的建设中，广泛采纳第三方的建议和方案。

五是组织保障，人才先行。专门设置高级副总裁负责数字化战略执行相关领导工作；集团层面成立智能制造总部和智能研究总院两大总部；启动薪酬改革，提升对智造人才的吸引力；将引进数字化相关的高端技术和管理人才的数量作为考核指标；要求工艺人员及制造车间主任必须掌握机器人编程语言；设置数字化考试、编程考试等，考试通过的员工，不仅能提薪，还能获得现金奖励。

六是先易后难，分步实施。完成数字化转型是一项长期的、艰苦卓绝的工作：项目多、工作量大、跨部门、绩效难以衡量、投资大、周期长，却又普遍存在流程文化淡薄、专业知识缺乏、领导特权文化、急功近利、本位主义等问题。所以变革不能操之过急，我们统一了系统平台，抓主线（如供应链），建立变革标杆；抓瓶颈（如供应链中的计划体系和清单管理），确保变革的最大效益；集中在一个事业部试点，再重点推广至几个核心事业部，最后在全集团推广。

七是效益优先，智造先行。变革聚焦、速赢见效，必须将数字技术转化为真实的盈利能力，要求在 3~5 年内收回数字化投资成本；选择成熟而先进的技术路线，确保项目落地"一次成功"；快速反应、快速决策、快速验证，保证灯塔工厂快速推进（三一集团开工建设了36家灯塔工厂，总投资超过100亿元）。

八是KPI（关键绩效指标）导向，严格考核。董事长把数字化当"阿弥陀佛"天天念，凡会必提数字化；把数字化当任务清单去考核，凡考核必有数字化；通过午餐会、周例会和月例会督查调度；事业部一把手是所在事业部数字化试点及推广的第一负责人，也是董事会考核的第一责任人；对数字化推进的主要指标每周进行公示排名。我们经常开玩笑说，还是用管理学生的土办法（学习排名）最管用：当排名靠前时，那种成就感、荣誉感还是很足的；排名靠后的话，高管们的老脸也挂不住。

最后我想说的是，我们认为数字化转型没有现成的剧本，迄今为止没有哪一家传统企业已经成功完成了数字化转型。我们认为，数字化转型将永远在路上。

以上就是我的分享，请大家批评指正，谢谢！

第六章
隆基：重构产业链布局

"过剩论"者的坚持与创新[①]

张志学　王　路[*]

导　言

"任何具有制造属性的产业，或者任何通过人的双手能够制造的东西，必然会从短缺走向过剩。而过剩才是常态。"这是隆基绿能科技股份有限公司总裁李振国于2006年正式进军光伏产业前对光伏产业发展的基本假设和认知。在"拥硅为王"（2005—2008）的年代，投资光伏是市场的潮流，其火热程度不亚于今天的人工智能产业或者区块链。2006年，同样也是施正荣博士的关键年。那一年他力压黄光裕和荣智健，成为中国新首富，迎来人生的高光时刻。光伏的致富效应迅速引发众多光伏企业和市场投资者盲目扩产扩能，跑步进入光伏产业。资源雄厚者恨不得打通整个光伏产业的所有上下游环节。

市场的火爆反倒引发了李振国的犹豫。他很清楚，如果此时进入光伏的红海，自身并没有太大的优势。问题并不止于此，做什么、如何做成为

[①] 本章涉及的研究得到国家自然科学基金重点项目"转型升级背景下组织创新的多层因素及动态机制研究"（71632002）的资助。

[*] 王路，北京大学管理案例研究中心案例研究员。

他和他的团队必须考虑清楚的问题。十多年后，当我们在西安访问李振国，谈及当年的抉择与思考时，他才向我们揭开那段鲜为人知的历史。

隆基与兰州大学

许多人第一次听到西安隆基绿能科技股份有限公司（以下简称隆基）时，可能会误会其与唐王朝的皇帝李隆基有关，或误以为是该企业创始人的名字。所谓隆基，实则指的是北京大学曾经的（1952—1958）党委书记、副校长——江隆基先生。1959年，江隆基先生阔别西北故土多年后，再次回到西北，履新兰州大学党委书记兼校长。1966年，江隆基先生在"文化大革命"中受到非人道的政治迫害而驾鹤西归。

1978年，在胡耀邦、王震等党和国家领导人的力推下，江隆基先生获得沉冤昭雪。为警醒后人，纪念先生为国家和教育事业所做的贡献，兰州大学在校园内敬立先生塑像。此后，江隆基先生成为兰州大学的精神象征。数十年来，一代代兰大学子以先生为楷模，关于先生的故事也成为兰大学子联系情感的纽带。

1986年，李振国、钟宝申、李文学等人进入兰州大学物理系学习。四年之后，他们步入社会。李振国被分配至陕西华山半导体材料厂，从事的工作是专业对口的单晶硅材料制造。李文学进入陕西华阴的一家军工企业，从事半导体相关领域的工作。他们所在的企业都是三线建设时期国防军工的遗存。与"二李"不同，钟宝申远走东北，被分配到辽宁抚顺的一家国有企业，从事稀土磁性材料方面的工作。

毕业临别前，他们同聚在江隆基先生塑像下，立誓将来如果创办自己的企业，必将冠以"隆基"之名。两年之后，钟宝申率先创建了沈阳隆基。此时的李振国开始不安于国有企业的环境。他说："其实工作的第一年我还是学了很多东西的,但一年过去之后就觉得可以学的知识变少了。我想继续深造报考研究生,但是单位以各种理由拒绝给我开离职证明。"在那个单位制的年代,没有单位出具的离职证明就无法报考研究生。负气之下,他有了离职的想法。这一年,恰逢邓小平发表南方谈话。感召于改革开放的第二次浪潮,下海经商成为敢于冒险的一批人的本能反应。和钟宝申一样,李振国也开启了自己的创业之路。

辗转黄河两岸

从陕西华山半导体材料厂离职之后的李振国,回到山西创办了一家小企业——闻喜信达电子配件厂。"我太太是山西人,所以我们当时就到了山西。"回首第一次创业的情景,他感觉就像昨天刚刚发生的事情。企业规模非常小。他说:"有点(手工)作坊的性质。"

1995年,不满足于现状的李振国再次返回陕西西安,出任陕西机械学院(西安理工大学的前身)单晶炉实验基地主任,负责单晶炉的设计和建造。对他来说,单晶制备才是他的专业与专长。1990年,他已成功研发出多晶硅硅碳分离方法——磁场单晶技术。随着市场经济的深入,很多国有企业和单位为了求生存,开始面向市场放开资源。在他出任单晶炉实验基地主任一年后,该实验基地也开始对外转包。他意识到这是一次机会,于是拿出所有积蓄单独承包了基地仅有的两台单晶炉,并接到了西门子太阳能电池事业部的单晶硅棒订单。1997年,他获得几十万元的利润,收获了人生的第一桶金。这一年,他刚刚28岁。

这一时期的单晶硅材料非常昂贵,生产单晶硅棒具有很大的获利空间。如此运作了几年,羽翼渐丰的李振国决定单飞。2000年,李振国在陕西西安创立了西安新盟电子科技有限公司(隆基的前身),以半导体材料以及半导体设备的开发、制造和销售为主要业务，正式开启了隆基进军单晶硅产业的步伐。

此时的李振国还不知道太阳能光伏会成为清洁能源产业的重要组成部分。西安新盟所开展的业务中，基本上属于以多晶硅料、单晶硅棒贸易为主的资源中介型业务。由于硅材料的稀缺性，多晶硅料、单晶硅棒贸易仍然具有一定的获利空间。市场的稳定与向好，激发了李振国的胆气。

2003—2005年，具有冒险精神的李振国逐年扩大产能。他说："2002年业务做得还比较顺利。延续到2003年的时候，自信心就膨胀到觉得自己无所不能。于是决定同时上马四个项目。"然而此时的隆基还非常单薄，缺乏配套的组织和资源，盲目扩产最终导致四个项目同时夭折。但是，这一次得幸运女神眷顾，并没有给公司带来致命性的伤害。"事情是这样的。"他说："2002年，公司向乌克兰一家硅材料企业出口两货柜的多晶硅料，市场价值200万美元左右。货柜到埠，买方检查之后以质量不合格为由，拒绝接收货品。"这对于处于创业起步期的李振国来讲无疑是一次比较大的打击。这也是他第一次做交易时间长、交易节点难以控制的远洋贸易项目。不过，胆气过人的他并没有因此而退缩，反倒继续不断扩展业务。而与此同时，货柜被拒收后，沿着返航路线在海上漂了约一年时间，直到2004年4月才返回中国。此时的多晶硅料市场价格已经翻了三番，货柜刚刚抵达港口就被其他买家全部接手。

蓬勃发展的光伏产业

带给李振国好运的也许并不是什么幸运女神，而是一个逐渐绽放光芒的产业——光伏产业。所谓光伏，是指利用阳光照射特定介质而产生的光电（转化）效应，又称光生伏特效应。光伏发电具有无污染、资源充足等

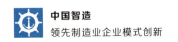

特征，因此光伏是一种良好的清洁能源。

事实上，人类利用太阳能资源的历史由来已久。西汉时期的《淮南子·天文训》记载："故阳燧见日则燃而为火。"阳燧利用的是光的反射聚合和光热效应，使阳光转换为热能。然而，人类真正利用光电效应不过六十多年的时间。1954 年，美国贝尔实验室研发出第一块单晶硅太阳能电池，光电转换效率为 6%。贝尔实验室的太阳能电池技术实则来自取代晶体管技术的半导体 P-N 结型电子管。从此，硅材料成为半导体技术的载体。例如，20 世纪 60 年代研发的 IC（集成电路）即以单晶硅片（晶圆）为载体进行刻蚀。伴随着半导体技术的发展与成熟，太阳能电池的主材料已经从单晶硅、多晶硅发展到非晶硅、砷化镓等。

技术在逐渐成熟的同时，光伏的应用场景也开始得到扩展。从最初被装载到人造卫星上，到作为一种普遍的新兴清洁能源，光伏被人类认识和认可竟然花了近半个世纪的时间。

真正推动人类认可光伏发电的因素，很大程度上源于 20 世纪 90 年代的联合国环境与发展大会（又称地球首脑会议）。1992 年 6 月，《联合国气候变化框架公约》（简称 UNFCCC）在巴西里约热内卢举办的联合国环境与发展大会上获得通过。UNFCCC 的最终目标是将温室气体控制在一个"人类活动不会扰动气候变化"的稳定水平。1997 年 12 月 11 日，UNFCCC 缔约方第三次大会在日本京都召开。149 个缔约方国家和地区的代表通过了《京都议定书》，并将其作为 UNFCCC 的补充条款。《京都议定书》提倡全人类使用包括风能、太阳能、生物能源在内的清洁能源，以减缓整个地球的碳排放。

其中，发达国家作为碳排放大国，被要求主动承担起减少碳排放量的责任。在这样的背景下，德国率先在 2004 年颁布《上网电价法》，以立法的形式将光伏作为一种电力资源并网运行。此后，许多发达国家也纷纷响应。正因为如此，进入2004年，全球光伏产量急速增加。2007年，全球光伏产量是4 000兆瓦，2010年迅速增长至15吉瓦。与此同时，面对海外蓬勃发展的光伏产业，中国的光伏产业开始觉醒（如图6.1、图6.2所示）。

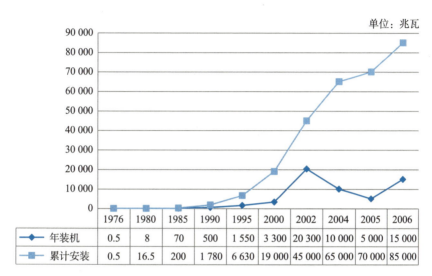

图6.1　中国光伏年装机和累计装机统计

资料来源：王斯成（2007）。

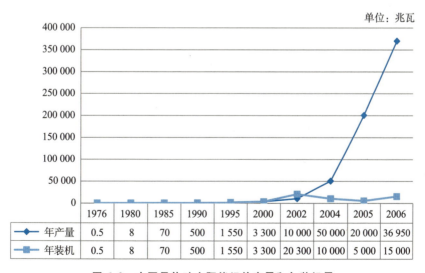

图6.2　中国晶体硅太阳能组件产量和年装机量

资料来源：王斯成（2007）。

这也就是李振国的货柜漂荡回国后立刻被买家以三倍高价抢购的原因。直到这个时候,他才如梦初醒,慢慢领略到光伏的魅力。与此同时,施正荣博士已经带着无锡尚德挤进世界光伏产业前三强,并准备在纽约证券交易所上市了。

2000 年成立的无锡尚德,发展速度很快,2004 年产量已达 540 兆瓦。一年之后,无锡尚德正式登陆纽约证券交易所,融资额约为 4 亿美元。次年,施正荣力压黄光裕和荣智健,成为福布斯全球富豪榜上的中国首富。

进军光伏产业的前夜

光伏产业的致富奇迹迅速引起国内外众多企业和投资者的注意。天合光能、天威英利、中电电气、江苏林洋、浙江向日葵等一大批光伏企业迅速紧跟其后,展开追逐。而决定这场竞争成败的关键是上游的硅材料。

李振国说:"当时市面上的光伏电池主要以单晶硅和多晶硅为主,光伏的下游客户群体以欧美和国内的光伏组件制造商为主。硅材料价格一时猛涨。"因此,谁拥有了硅材料谁就拥有了行业的话语权。李振国称这一时期为"拥硅为王"的年代。他说:"当时无论做晶硅的哪一个环节,一般都会成功。"无锡尚德年产量 300 兆瓦,成为中国最大的光伏企业(如表 6.1 所示)。

表 6.1 2006 年中国晶体硅太阳能电池生产能力

公司名称	生产能力(兆瓦/年)	公司名称	生产能力(兆瓦/年)
无锡尚德太阳能电力有限公司	300	江苏天保光伏能源有限公司	25
宁波太阳能电源有限公司	100	上海交大泰阳绿色能源有限公司	25
浙江向日葵光能科技有限公司	100	中轻太阳电池有限责任公司	25

(续表)

公司名称	生产能力（兆瓦/年）	公司名称	生产能力（兆瓦/年）
浙江环球太阳能科技发展有限公司	80	苏州阿特斯阳光电力科技有限公司	25
中电电气（南京）光伏有限公司	200	江阴浚鑫科技有限公司	25
常州天合光能有限公司	50	杉杉尤利卡太阳能科技发展有限公司	20
天威英利新能源有限公司	60	北京世华创新科技有限公司	20
云南天达光伏科技有限公司	50	浙江公元太阳能科技有限公司	20
厦门润方太阳能有限公司	50	江苏中盛光电有限公司	15
江苏林洋新能源有限公司	100	北京桑普阳光	5
晶澳太阳能有限公司	75	广东铨欣照明有限公司（草坪灯用电池）	20
深圳市拓日电子科技有限公司	38	云南卓业能源科技有限公司	10
柏玛微电子（常州）有限公司	50	海南天聚太阳能有限公司	10
深圳珈伟实业有限公司	40	上海超日太阳能科技有限公司	10
无锡尚德太阳能电力科技有限公司	30	北京中联阳光科技有限公司	1
上海太阳能科技有限公司	50	合计	1 629

资料来源：王斯成（2007）。

然而，此时中国的光伏产业仍然将发展重点放在下游的电池组件上，鲜有企业从事科技含量更高的晶硅制造。光伏产业有一个特点，即越往上游企业数量越少，技术要求越高，工艺难度也越大。

如果光伏电池组件由单晶硅片组成，那么它的工艺难度更大。单晶硅是对多晶硅的提纯和加工，其纯度要达到 99.9999% 以上。单晶硅的完整晶体结构可以有效避免光伏电池组件受到电学和机械伤害。

事实上，光伏产业由三种主要的技术路径组成，包括单晶硅、多晶硅、非晶硅。单晶硅具有最高的光电转化效率，但制造成本高。多晶硅的

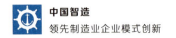

光电转化效率相对较低,但具有制造成本优势。非晶硅的光电转化效率更低,但具有良好的延展性和弱光性。在中国市场和欧洲市场,主要以多晶硅技术为基础;美国市场则以非晶硅技术为主,代表企业为 First Solar。

初入光伏

面对火热的光伏市场,李振国开始考虑是否投身其中。2005 年,同样对光伏产业感兴趣的钟宝申决定和李振国共同投身其中。钟宝申考虑合伙的因素主要有两方面:一方面,光伏产业在当时被广泛认为是具有广阔发展前景的产业;另一方面,李振国在晶硅制造方面具有多年的技术经验。

对李振国而言,经历过先前冒进的岁月,他深知单枪匹马管理企业的困局。他说:"企业由一个人说了算,对决策者来讲当然很爽。这意味着你的决策效率会很高,企业的执行力也会很强,但同时还意味着你的正确决策会被很好地执行,错误决策也会被很快地执行。100 个决策中,即使有 99 个正确的决策,也架不住一个重大的错误决策带来的损失。"基于企业长期发展的考虑,李振国接受了钟宝申加入公司的提议。2007 年,西安新盟电子科技有限公司正式更名为西安隆基硅材料有限公司,注册资本为 2 500 万元。2008 年,西安隆基硅材料有限公司再次更名为西安隆基硅材料股份有限公司,旗下拥有分别于 2006 年创立的宁夏隆基硅材料有限公司、2007 年创立的西安通鑫半导体辅料有限公司两家全资子公司。

正式更名前,李振国和钟宝申对公司未来的发展方向、主营业务和发展策略都进行了深入的调研及讨论。光伏产业上下游涉及多个环节。产业上游是硅材料—工业设备制造—多晶硅料—单晶硅棒,中游是切片加工—其他辅料,下游是电池组件—光伏电站系统及其他配套产业。那么,他们会如何选择切入光伏产业的路径呢?

如前文所述,光伏产业下游的电池和组件业务是中国光伏企业重点抢占的环节,而上游的硅材料和晶硅制造却很少有企业愿意投入其中。科班出身的钟宝申和李振国决定以晶硅制造为切入口。他们选择的技术路线是当时较为冷门的单晶硅技术。囿于较高的制造成本和技术门槛,国内的光伏电池制造企业很少采用单晶硅技术。如果上游的单晶硅片价格高,价格会进一步传导给用户,最终导致单晶硅电池组件缺少价格优势。

发展路径

隆基为何会选择单晶硅技术路线呢?李振国说:"我们主要做了两件事情。第一件事情是认清光伏产业的服务本质。技术出身的我们非常在意事物的第一性问题。通过调研,我们认为光伏产业的服务本质是度电成本不断地降低。"他认为,现阶段任何单一环节的光电转换效率如果无法映射到对度电成本的贡献上,那么其就未必是一条好的技术路线。

对光伏产业本质的清晰认识是李振国判断未来技术路线潜力的指路明灯。目前单晶硅电池光电转化效率最高在25%左右,多晶硅电池的最高光电转化效率在18%左右,非晶硅薄膜电池的最高光电转化效率约为10.5%。其实,薄膜电池包括非晶硅薄膜电池、碲化镉(CdTe)薄膜电池和铜铟镓硒(CIGS)薄膜电池三种。后两种薄膜电池的光电转换效率更高,最高转换效率分别为16.7%和20.3%。如此高的光电转换效率为何没能大面积推广开来呢?事实上,镉(Cd)是一种有毒元素,制备过程和使用过程都可能对人体造成伤害。同时,镉是一种非常稀有的元素,并不适合大规模量产。尽管2010年First Solar公司已经将碲化镉薄膜电池的生产成本降至0.76美元/瓦,但最终碲化镉薄膜电池还是成了边缘技术。铜铟镓硒薄膜电池也有类似的问题,铟(In)和镓(Ga)都是非常稀有的元素,并且铜铟

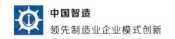

镓硒薄膜电池受多元素配比困扰，工艺难以控制，最终无法大规模推广，沦为边缘技术。

整体上，值得考虑的就只有单晶硅、多晶硅和非晶硅薄膜三种技术。单晶硅在当时并不是一条被市场广泛看好的技术路线。受硅片切割技术和单晶制备成本的影响，单晶硅片制备成本高昂，2006年的市场价格达到200元/片左右，而同期的多晶硅片价格则为80元/片。受硅片供应紧缺影响，2006年无锡尚德与美国多晶硅及硅片巨头MEMC签订了长达十年（2006—2016）的硅片供应合约。在多晶硅片市场价格约80元/片的情况下，MEMC以市价50%的"优惠"价格锁定了长期订单。至于签订长期订单的效果，历史已经给出了答案。

李振国和钟宝申带领的团队不受短期潮流的影响。在对非晶硅薄膜技术、晶硅中的单晶硅和多晶硅技术进行深入研究的基础上，他们坚信单晶硅的制造成本会随着技术的提升与多晶硅一样低。最终他们决定进入单晶硅的赛道。

如果选择进入单晶硅的赛道，那么这条赛道上的竞争格局是什么样的呢？李振国说："第二个问题就是研究太阳能级单晶硅的竞争格局及未来的走势。"① 2006年的光伏产业环境一片利好。"几乎到了任何人进来就能赚钱，干得越快越赚钱，干的环节越多越赚钱的程度。"

实际上，勇于向光伏产业上游进军的国内企业少之又少。中国整体的晶硅制造产能仅为2 386吨。这在当时也是一个非常小的生产体量。根据表6.2的数据，当时国内的太阳能级晶硅制造仍以单晶硅为主，多晶硅的产能和产量都非常低。随着产业的觉醒与扩张，成本优势显著的多晶硅一度成为中国光伏制造的主流技术。如前所述，中国的光伏企业多集中在电

---

① 单晶硅按照用途不同，提纯的工艺标准存在差异。一般来讲，太阳能级的单晶硅仅需要达到99.9999%的纯度即可，芯片级单晶硅则至少需要达到99.999999%的纯度标准。

池和组件端，上游的硅原料和硅锭主要来自韩国、美国等国。换句话说，韩国和美国的晶硅制造商并没有给中国晶硅厂商发展单晶硅片的机会。它们以绝对压倒性的体量和价格优势，几乎锁死了中国的多晶硅市场，继而企图控制中国的光伏产业。

表 6.2　2006 年中国太阳能级晶硅制造产能　　　　　单位：吨

厂商	材料类别	年生产能力	年产量
河北宁晋晶隆	单晶硅	2 250	1 126
锦州华日	单晶硅	800	400
常州天合	单晶硅	180	60
青海新能源	单晶硅	270	0
保定天威英利	多晶硅	770	260
宁波晶元	多晶硅	90	40
江苏顺达	单晶硅	350	100
精工绍兴太阳能	多晶硅	132	0
其他	单晶硅	1 000	400
合计		5 842	2 386

资料来源：王斯成（2007）。

在这种情况下，如果李振国选择晶硅技术路线，就意味着他的竞争对手将主要以国际巨头为主。未来的竞争将非常惨烈！

制造产业过剩论

李振国也清醒地认识到这一点，因此隆基并没有被暂时"发烧"的市场误导。他说："我们的基本假设是——凡是人能造出的东西，短缺一定是阶段性的，过剩才是常态。"所以面对一片火热的光伏产业，他们能够静下心来审慎决策。

光伏产业所有上下游环节，除电站系统具有一定的资源属性以外，其

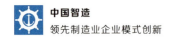

他所有环节都是制造属性的。制造属性意味着行业难以形成竞争壁垒，未来一定是充分竞争的状态。

李振国从毕业到 2006 年一直从事的是单晶硅制造相关业务。如今，既然确立了隆基未来的发展方向是光伏产业，就要对这条路线上可能遇到的风险和问题有清晰的认识。进入太阳能级单晶硅制造的最大威胁是未来近乎完全竞争的格局。完全竞争意味着产品同质化，买卖双方平等共享整个市场的资源和信息，最终的产品要实现竞争优势就只能从降低成本着手。如此，晶硅制造企业的利润率空间会被无限压缩。更何况，在晶硅制造这条路上，隆基未来面对的对手主要来自国际市场。

四条竞争策略

针对这一问题，2006 年隆基提出了四条竞争策略。

第一条策略：集中一点形成突破。李振国认为，作为当时的一家小企业，隆基的资源和优势并不多，不宜拉长产业链。隆基的优势在于单晶硅棒的生长和切片。"那么我们就应该把所有资源集中起来，在自己最擅长的环节形成突破。"他说。

这也是隆基当时制定的公司发展第一阶段的目标——成为全球领先的单晶硅棒、单晶硅片制造商。他说："我们的目标很简单，如果其他企业同时做拉棒切片和电池组件，那么我们就是要让它们觉得自己做拉棒切片并不划算，还不如交给我们来做，因为我们的技术和成本优势足以匹敌市面上的任何企业。"

如今再看单晶硅片的价格就能理解他们当初设定的竞争策略了。在以隆基为首的单晶硅片制造商的带领下，单晶硅片的价格从 2007 年的 200 元/片左右下跌至 2011 年的 24 元/片左右。到了 2019 年，隆基已经将硅片价格降至 3.47 元/片左右（如表 6.3 所示）。十来年间，硅片价格下跌了 98% 左右。目前的硅片降价幅度还未将通货膨胀速度统计在内。这种损失放大到整个光伏行业，可以想象行业竞争的惨烈程度，可谓血流成河。这可能也是光伏行业每隔三五年行业龙头就会消失的原因之一。

表 6.3　隆基部分硅片价格一览（截至 2019 年 12 月 18 日）

发布日期	产品名称	人民币基准价格（CNY）
2019-11-25	单晶硅片 P 型 M6 180 微米厚度（166/223 毫米）	3.47 元
2019-11-25	单晶硅片 P 型 M2 180 微米	3.07 元
2019-10-24	单晶硅片 P 型 M6 180 微米厚度（166/223 毫米）	3.47 元
2019-10-24	单晶硅片 P 型 M2 180 微米	3.07 元
2019-09-23	单晶硅片 P 型 M6 180 微米厚度（166/223 毫米）	3.47 元
2019-09-23	单晶硅片 P 型 M2 180 微米	3.07 元
2019-08-26	单晶硅片 P 型 M6 180 微米厚度（166/223 毫米）	3.47 元
2019-08-26	单晶硅片 P 型 M2 180 微米	3.07 元
2019-07-22	单晶硅片 P 型 M6 180 微米厚度（166/223 毫米）	3.47 元
2019-07-22	单晶硅片 P 型 M2 180 微米	3.07 元

资料来源：隆基官网，2019 年。

第二条策略：不与上游厂商签订锁定价格的长期采购合同。隆基作为过剩论的拥趸，拒绝和上游多晶硅料制造商签订锁定价格的长期采购合约，以避免在未来行业过剩时期承受沉重的成本压力。

这一策略在当时被很多同行认为是缺乏战略眼光的表现。如前所述，在拥硅为王的 2006—2008 年，迅速扩大横向和纵向的产能是赚钱的重要途径。换句话说，盘子越大，盈利越高。在这种情况下，掌握紧俏的多晶硅料就非常重要。行业其他友商还在为稳定、平价的多晶硅料的供应链问题绞尽脑汁的时候，隆基就已经认定行业未来会出现过剩。这在当时显得非常不合时宜。那时拥有稳定的硅料供应被认为是企业实力和核心竞争力的体现。作为供应商，上游晶硅厂商和单晶硅棒/片厂商签订锁定价格的长期合约，也是为了保证企业未来稳定的现金流。但事实上，它们将经营周期风险转嫁给了下游厂商。

在这种情况下，隆基和上游厂商签的长单都是锁量不锁价，即价格按照市场当期价格随时变动，改期货交易为现货交易。2007年每公斤多晶硅锭的市场价格为400美元，2009年价格开始陡然降低。十年后，每公斤多晶硅锭的价格已经缩水到9美元。变化之快，令人咂舌，而价格的急速缩水也成为众多晶硅厂商的噩梦，那些当时颇具实力和核心竞争力的晶硅厂商早已被历史的车轮无情碾压。

第三条策略：产线选址布局于电价低廉的区域。电力成本是未来单晶硅棒/片的最大成本，因此产线选址一定要布局在电价低廉的区域。2006年，在单晶硅片的成本构成中，电力成本仅占到总成本的1.8%，几乎可以忽略不计。那么，李振国为何能早早断定电力成本会成为未来单晶硅片制造的关键呢？他认为，还是应该回到过剩论的总原则。彼时的成本构成中，多晶硅锭占据半壁江山。如前所述，由于市场当时的供应不足，多晶硅锭的价格已经被炒上了天——每公斤400美元。海潮退去，你才知道到底是谁在裸泳。在市场供应充足乃至过剩之际，多晶硅锭的价格已经缩水到过去的1/44左右。此时，电力成本的重要性才凸显出来。直到2013年左右，行业内的其他竞争者才回过味来，开始往内蒙古、新疆、宁夏和云南等电力成本较低的区域转移。

第四条策略：为技术升级留下窗口。半导体行业中有一个著名的"摩尔定律"，即当价格不变时，每隔18～24个月，集成电路可容纳的元器件数量就会增加一倍，性能也会提升一倍。从严格意义上来讲，目前的光伏产业主要依赖于半导体技术，所以半导体行业的定律也同样适用于以晶硅为载体的光伏产业。这就意味着，光伏产业具有技术迭代速度快的特征。

因此，企业需要提升与之相适应的设备有效利用率和技术前瞻性。在单晶硅片制造成本中，除了原料和电力，最重要的成本就在于固定资产。换句话说，最重要的成本是固定资产中的生产设备，例如制备单晶生长的单晶炉。

得益于早年间在西安理工大学单晶实验基地的工作经历，李振国对各种轴距和类型的单晶炉设计制造都比较了解。随着技术的发展以及出于对未来技术发展的准备，隆基会在技术规格满足产线制备的基础上预留工艺提升的空间。例如，隆基原先生产的 M2 尺寸硅片的规格是 156.75 毫米×156.75 毫米×直径 210 毫米（边长为 156.75 毫米，直径为 210 毫米）。在不改变电池组件尺寸的情况下，只有通过增大硅片的尺寸来提升电池功率，于是 M2 需要增大尺寸至 166 毫米×166 毫米×直径 223 毫米（如图 6.3 所示）。

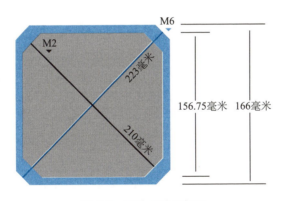

图 6.3　硅片尺寸示例图

资料来源：隆基官网，2019 年。

更大规格的硅片制造需要更大规格的单晶炉进行拉制。如果一开始单晶炉的容积尺寸是 156 毫米，那么 M2 的尺寸提升要么无从谈起，要么必须舍弃旧的单晶炉采购新的单晶炉。如此一来，对企业来说就是非常大的损失或成本。在未来充分竞争的格局下，每增加一分成本都有可能致使企业丧失有利地位。

因此,生产设备如单晶炉就必须比产品规划的尺寸设计得更大,以避免技术更迭带来的损失。李振国说:"我们的主装备就是单晶炉,单晶炉是自己设计定制的,主要是为未来留出升级的接口。"2006 年隆基采买的单晶炉设计产能是每月 600 公斤,2010 年升级为每月 1 200 公斤,2016 年再次提升至每月 3 000 公斤。具有前瞻性的设备设计理念为隆基减少了许多不必要的生产成本。

在过剩论的指引下,隆基形成的四条竞争策略成为其日后成长为制胜变幻莫测的光伏市场的单晶明星企业的关键。李振国总结,隆基之所以能够形成对技术的研判和对产业格局的正确认知,除了多元性的决策机制,更主要的原因在于其愿意在技术研发上投入更多的资源和精力。没有足够优秀且数量充足的技术人才,就无法做出技术上和策略上的正确判断。

生产运营助力隆基发展

李振国所说的技术人才、管理人才和多元决策机制都与一个人息息相关,这个人就是曾经和李振国、钟宝申等一起在江隆基先生塑像下聚首的李文学。

如前所述,李文学毕业后进入陕西华阴的一家军工企业从事技术管理工作。行事风格更加稳健的他并没有像李振国、钟宝申那样很快就辞职下海。他在国有企业的发展相对也比较顺利。2008 年,李文学顺利迎来了职业生涯的高光时刻。他从一个车间技术员最终成长为这家拥有 2 000 多名员工的国有企业的一把手,身兼党委书记、董事长和总经理。但是,连他自己也没有想到最终会离开伴随自己成长 20 年的企业。

时间推回到 2007 年。这一年,李振国和钟宝申正式将公司更名为西安

第六章
隆基：重构产业链布局

隆基硅材料有限公司，标志着西安隆基正式拉开进军光伏产业的序幕。按照制造产业过剩论的指引，他们决定举所有力量和资源进行单晶硅制造的规模化投资。2007年9月，隆基的第一个单晶硅棒生产项目正式在宁夏建成投产。宁夏隆基一期设计产能为1 000吨，几年后又扩展到3 000吨。

身处中国光伏产业的蓬勃发展期，隆基的发展速度很快。李文学说："投资一条新的产线基本上半年内就能收回成本。"2008—2010年，隆基先后成立了生产太阳能级硅片所需化学物料的西安通鑫半导体辅料有限公司、生产8英寸硅片的银川隆基硅材料股份有限公司，以及加工单晶硅片的无锡隆基硅材料有限公司。

但是，李振国觉得隆基发展得还不够快也不够好，企业发展最突出的问题体现在产能管理方面。以宁夏隆基为例，2010年宁夏隆基的设计产能为250吨/月，但实际产能为170吨/月。这就意味着宁夏隆基每个月都有80吨的产能流失了。按照当时40万元/吨的市价，宁夏隆基一年流失的营收额就高达3.84亿元。

欲治兵者必先选将。面对这种局面，李振国和钟宝申觉得隆基必须引入生产运营方面的人才——他们把目光锁定在了李文学身上。事实上，在西安隆基发展的早期，同处在陕西的李文学就经常以老同学的身份与李振国、钟宝申就企业运营管理问题一起讨论，为隆基的发展出谋划策。

钟宝申和李振国曾不止一次地邀请李文学加入隆基。一方面，李文学具有数十年的半导体工业产线的运营管理经验；另一方面，他们彼此之间充分信任。两人一致认为，再没有比李文学更合适的人选了。但对于李文学来说，加入隆基就意味着要脱离自己为之奋斗了半生的老国有企业，脱离自己熟悉的组织和环境，他一时之间难以做出抉择。

经过深思熟虑，李文学最终决定离开体制内，开启新的征程。有意思的是，想告别体制并没有那么简单。他说："辞职的时候还是下了很大的功

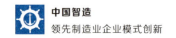

夫，到处找人，以前提拔的时候没找人，下来的时候还找了不少人。"作为权宜之计，他向上级组织部申请了长假，并开始转入隆基担任副总裁，统管生产运营工作。履新之后，他即被派往宁夏隆基，同时兼任宁夏隆基的总经理，处理产能爬坡问题。

来到宁夏中宁（宁夏隆基所在地），李文学迅速投入工作中。他说："刚来中宁，基本上白天处理行政管理事务，晚上就到产线上了解生产情况。"通过调研，李文学很快发现宁夏隆基产能问题的根源。一方面，管理缺位。几乎所有的中层管理人员均来自广东沿海一带。他们愿意来到西北地区工作，往往是因为公司给了他们更高的职位。李文学说："比如说宁夏隆基要招一个经理，那招来的人可能之前就只是一个主管，他肯定没有目前这个职位所需要的管理经验。"此外，管理人员不足。他认为："近 10 亿元产值的公司，至少需要 20 名管理人员，但当时公司实际配备的管理人员只有 10 名。"另一方面，宁夏隆基自投产至 2010 年，运行时间较短，产线工人和管理人员均没有积累起成熟的生产经验。例如，工厂的动力系统特别不稳定。经过调查，他发现动力系统的员工基本上都是二十三四岁的年轻人，缺少工作经验。同时，他发现负责动力系统的管理人员实际上只是一个主管在代替经理工作。动力系统的稳定程度会直接影响单晶的生长。他说："单晶硅料要放在坩埚中，在 1 450 度的高温中熔化，然后再种入籽晶，经牵引、放肩等众多操作流程才能形成稳定的晶棒。在这一过程中，需要稳定的动力系统支撑炉内温度。如果设备突然断电，炉内熔化的硅料马上就会凝固。一旦凝固，硅料就会膨胀，继而导致干锅破裂。同时，1 000 多度的高温液体也会渗出，导致整个设备被烧坏。"

了解到这些情况后，李文学认为在管理投入上节省成本并不科学，于是决定对宁夏隆基管理层进行"大换血"。一方面裁撤不合格的管理人员，另一方面增补具有相应管理经验的管理人员。例如，他找来自己的一位具有相应管理经验的同学负责宁夏隆基的动力系统。自此之后,宁夏隆基的动力系统再也没有出现问题。

宁夏隆基经过管理方面的"大换血",迎来了产能的迅速攀升。李文学入驻宁夏隆基一个月之后,宁夏隆基实际的产能即增至每月190多吨。三个月后,宁夏隆基实现了满产满销。管理宁夏隆基期间,李文学所采取的变革措施表面上看仅仅是革新了管理层,但实际上,他带给宁夏隆基的是成熟的管理理念、生产管理制度和管理体系。他说:"我去之前,宁夏隆基没有绩效考核,也没有一套行之有效的管理办法。后来,我们给每一台单晶炉都设置了产量考核标准,基础目标从最初的 600 公斤/月提高到现在的 3 000 公斤/月。"

中国的光伏产业支持政策

六个月后,宁夏隆基的生产运营已经进入平稳期,李文学也被调回总部,工作重心放在隆基所有产线总体的协调管理上。随着中国政府加快推进光伏产业的建设和发展,中国光伏产业迎来了短暂的政策利好期。隆基也准备进一步扩大产能和发展步伐。

事实上,中国作为 UNFCCC 的缔约国之一,积极响应联合国的倡议,承担气候责任。2009 年,中国政府推出《太阳能光电建筑应用财政补助资金管理暂行办法》、金太阳示范工程等鼓励光伏产业发展的政策。2010 年,《国务院关于加快培育和发展战略性新兴产业的决定》明确提出要"开拓多元化的太阳能光伏光热发电市场"。随后的 2011 年,《中华人民共和国国民经济和社会发展第十二个五年规划纲要》再次明确要求重点发展包括太阳能热利用和光伏光热发电在内的新能源产业。

一系列的光伏产业支撑培育计划让中国光伏企业进入第二轮的扩张阶

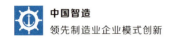

段（2009—2012）。来自金融投资领域、半导体相关行业、其他新型产业的企业，纷纷将眼光聚焦于火热的光伏产业，摩拳擦掌地寻找进入其中的机会。

抓住机遇，隆基迅速开展了第二轮的产能扩充，旗下生产企业从此前的4家扩展到8家。2011年1月，单晶硅棒产能达3 000吨的银川隆基一期项目建成投产。同年12月，单晶硅片产能为600兆瓦的无锡隆基一期项目建成投产。2012年10月，西安隆基完成扩产，硅片产能突破1吉瓦。同年12月，宁夏隆基二期项目建成，单晶硅棒产能达到8 000吨。产能扩充的同时，2012年4月，隆基股份在上海证券交易所实现挂牌上市。整个光伏产业的从业者几乎都以为"光伏的春天来了"。

光伏产业第一轮洗牌

让众多光伏企业不及反应的是，春天没有来到，反面迎来了凛冽寒冬。这正好应验了李振国所说的过剩论。

光伏的致富效应加上国家政策的显著支持，似乎有一个清晰光明的未来让光伏从业者憧憬，让其他从业者艳羡。一体两面是一般事物都具有的特征。也许是因为国家的显性支持，也许是因为光伏产业投资过度了，全球的光伏产业从整体供给不足正朝向供给过剩转变。其中最显著的变化是硅片价格的断崖式下跌。2011年，硅片价格已下跌至30元/片左右，并呈进一步下跌的趋势。其中以无锡尚德提前终止和MEMC的长期供货合约为标志性事件。

2011年，无锡尚德以支付2.12亿美元"分手费"的代价提前终止了与MEMC的长期供货合约。一切只因硅片价格下跌的势头过于迅猛。终止合约后，按照五年的供货价格和供货数量，无锡尚德大约能省下4亿美元的成本支出。

断臂求生给无锡尚德带来了暂时喘息的机会，但并未能阻止它走向破产。2013年，因为资金链断裂，无锡尚德正式宣布破产清盘。事实上，2011年之后的光伏市场整体处于下跌的颓势中。这或许也是隆基谋求主板上市的原因之一。2013年，隆基股份发布2012年年度业绩报告：2012年，隆基股份实现营业收入170 832.51万元，归属母公司的净利润为-5 467.22万元。公司表示，2012年度的亏损主要是因为未能收回无锡尚德的应收款项，导致提前计提9 077万元的坏账准备。

事实上，此时的隆基已经成为全球最大的单晶硅片供应商。行业正经历一场空前的清洗运动，落后和过剩产能将成为"祭旗"的对象。大量的光伏企业，特别是处在第二、第三梯队不具有成本优势的光伏企业，基本上都处于半停产或停产的状态。随着无锡尚德的轰然倒塌，中国光伏产业迎来至暗时刻。单就硅片制造来讲，原先国内的相关厂商达100多家，2013年勉强开工的不足10家。隆基是少数仍处在满产状态的硅片制造商之一。虽然隆基股份2012年归属母公司的净利润为负，但取得了整体出货量大增38%的业绩表现。如果不是因为下游厂商无力偿还应付账款，隆基股份还能保持盈利状态。隆基方面表示，2012年虽然是光伏产业较为困难的一年，但也为其发展带来了机遇。

国内支持，国外"双反"

除了过剩的产能，造成光伏市场价格下跌的原因可能就是欧美国家发起的"双反"（反倾销、反补贴）调查。由于2008年金融危机的爆发以及随后接踵而至的欧债危机，欧美的经济发展暂时承受了巨大压力。光伏企业的日子自然也不好过，为了保护本国包括光伏企业在内的经济组织，欧美等国家和地区对中国光伏产品（特别是电池、组件产品）接连发起"双反"调查，这一系列非可控因素对国内的光伏企业造成巨大冲击。与此同时，中国政府也没有坐以待毙。针对外方发起的贸易争端，中方迅速采取反制措施，外贸形势一时剑拔弩张。

国内的光伏巨头一般都以国际市场为主要销售对象。例如无锡尚德，从创立之日起便一直服务国际市场，隆基股份也不例外。公开资料显示，2014年隆基股份营业收入地区以境外为主，境外收入占营业收入的67.36%。

如今，面对一而再，再而三的"双反"调查，处在光伏产业下游的电池组件供应商几乎束手无策。持续不断的"双反"调查严重阻碍了中国光伏企业顺利出海，不利于全球经济的有序发展。以美国"双反"为例，美国发起"双反"调查，和中国打起了贸易战，光伏产业中最终坐收渔翁之利的是First Solar。因为在这场持久的贸易战中，美国逐步确定了发展非晶硅薄膜光伏的技术路线。与美国不同，欧盟在"双反"问题上并没有那么强势。因为中国的光伏产业一开始就沿着欧盟区国家的光伏技术路线展开。或者可以这样说，无论是单晶硅还是多晶硅，中国的硅片生产商都主要以欧盟订单为主。

2013年，李振国一行远赴布鲁塞尔的欧盟总部，参加欧盟举办的针对中国光伏企业"双反"调查的听证会。他说："这件事我印象很深，'双反'最开始并不包括硅片，大部分是关于电池组件的调查。后来开始延伸到对单晶硅片的限制和调查。"现场，他们代表隆基就欧盟对硅片的限制可能引起欧盟下游企业生存困难的问题展开论述。他说："当时阐述的最主要的观点就是欧洲没有硅片生产商，提高硅片的税收将使下游企业无法生存下去。""当企业强大到对手也离不开你的时候，你的核心竞争力才算基本形成。"事后他总结道。

第六章
隆基：重构产业链布局

政策之下聚焦创新才是正道

2013年，无锡尚德倒下了。个中原因很多。有学者（张志学、仲为国，2016）分析，其中一个重要的原因是无锡尚德和无锡市政府的关系太近了。2012年，无锡尚德在步履维艰的情况下，还要替无锡市政府解决数万人的就业问题。这成为压死骆驼的最后一根稻草。

至此，国内的部分光伏企业家开始意识到和政府的微妙关系。事实上，中国在2008—2012年间对光伏企业的发展提供了极为有利的国内政策环境和经济补贴，如出口退税政策以及后来的光伏发电补贴政策，助力光伏发电平价上网。一体两面，有人认为也许正是因为国内积极的辅助政策才导致欧美接连的"双反"调查。李振国对此却有不同的看法，他认为政策对所有竞争者都是平等的，并不会从本质上改变供需平衡的市场逻辑。

进一步地，他认为企业如果想走得长远，就必须把精力和注意力集中到技术及创新能力上来。如果内功不够，单纯依赖政策的指挥棒，企业只会陷入各种非连续的政策环境中，最终迷失自我。

如他所说，"政策对所有人一视同仁"，那么造成产能过剩的原因是什么呢？诚然，自2009年开始中国相继出台了诸多鼓励光伏产业发展的政策，但政策从出台到落地需要一个较长的过程。彼时，光伏对很多中国人来讲还是一个新生事物。但是，许多投资者和光伏从业者面对短期内的利益诱惑却很难冷静下来。他们匆匆跑步进入光伏行业，造成了短期内的产能过剩。再加上不期而至的"双反"调查和贸易壁垒，遏制了中国光伏出海的机会。过剩的产能加上封闭弱小的市场，几乎击垮了整个行业。

启动第二阶段战略目标

如前文所述,隆基视行业产能过剩和欧美"双反"带来的行业调整为自身进一步发展的机会。在众多缺乏技术和成本优势的硅片企业纷纷折戟沉沙,行业巨头遭受重创的情况下,隆基抓住机会逆势而上,实现了弯道超车。2013年10月,隆基硅片出货量即已突破1吉瓦。这意味着隆基正式成为全球最大的单晶硅片供应商。

隆基在单晶硅片制造领域已经形成局部突破。"是时候制定下一阶段的战略目标了。"李振国说。但是,应该朝哪个方向走呢?做了半辈子的单晶硅之后再跨界,很明显是非常不明智的选择。他们决定沿着单晶硅技术路线进行纵向和横向探索。

"我的专业是半导体材料,从个人情怀上讲,做12英寸(约305毫米)晶圆是我的毕生追求。"李振国说。

2014—2018年不同尺寸的晶圆全球月产能格局如图6.4所示。

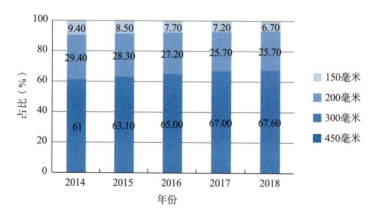

图6.4 2014—2018年不同尺寸的晶圆全球月产能格局

资料来源:邹润芳(2018)。

2014年的一天，隆基发布公告宣布临时停牌，公告称隆基日前涉及重大交易的可能。事实上，此次停牌期间，隆基正在和美国一家知名的晶圆制造企业进行合作谈判。

芯片级单晶硅晶圆制造是单晶硅片横向的发展方向之一，大尺寸的芯片级单晶硅片是制备芯片的重要载体。似乎仅需要提升单晶硅的纯度即可达到制备的工艺要求。然而，企业如果要进入芯片制造领域，除了要具有较高的技术水平（如单晶硅超高提纯和具有较高水平的激光刻蚀），还要具有足够的实力以消化较长投资回报周期带来的风险。日本的信越化学、三菱住有等头部晶圆制造企业无一不是资金、技术密集型企业（如图6.5所示）。

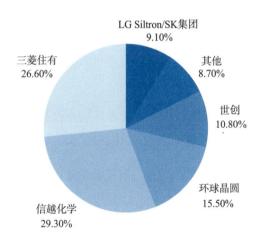

图 6.5　2017 年全球硅片制造企业市场占有率

资料来源：邹润芳（2018）。

除了横向上朝更高端的晶圆制造发展，此时的隆基还可以继续向产业的上下游积极扩展。如前所述，2012年以来单晶硅片整体的市场占有率逐渐降低。到了2014—2015年，全球太阳能级单晶硅片的整体市场占有率只有18%，国内的市场占有率更低，跌至5%左右。

在这种情况下是固守还是转移成为一项艰难的抉择。李振国说："2014年的战略研讨极其深入和艰苦。"后经讨论，管理层大部分认同发展晶圆制造的空间较小。另外，芯片级硅片的投入产出比较低，全球在这一方面的竞争对手也都比较强劲（如日本信越化学），所以，晶圆制造不适宜作为隆基未来的发展方向。

既然晶圆制造这条路走不通，那么在单晶硅市场份额连年降低的背景下，发展电池组件合适吗？李振国认为，"单晶硅片市场占有率连年降低的背后是下游的电池组件商所形成的价值阻隔"。换句话说，电池组件上单晶硅片电池组件价格的提高，是导致单晶硅片全球市场占有率下降的罪魁祸首。上游的原料和单晶硅片价格本身处在一个下滑的曲线上，但这种成本的降低却未能体现在下游的终端用户身上。例如，2012 年左右，单晶硅组件和多晶硅组件的制造成本基本无差，多晶硅组件会卖到 60 元/瓦，单晶硅组件的价格却会高达 90 元/瓦。而无谓地增加电池组件成本，最终影响的是平价上网的可能性。

那么除了价值阻隔，还有什么原因会造成中国的单晶硅组件市场占有率远低于全球的市场占有率呢？原因在于国内的电池组件供应商绝大多数都以多晶硅为主，例如晶科、天合、英利，而国内的太阳能级单晶硅片主要销往国外市场，如欧洲和美国市场。

因此，发展垂直一体化，向产业下游延伸，是解决单晶硅组件终端市场占有率问题的关键。在某种意义上，靠近产业的下游其实更靠近市场的真实需求。他说："至少要做出个示范，让下游意识到，单晶硅高端但不贵。"

对此，也有一些人表示不理解。作为光伏组件业务的上游供应商，隆基为什么要向下游推进与自己的客户抢市场？2016 年，李振国为了争取进入无追索权贷款的征信白名单而在美国路演，其间对全球光伏产业十分了解的花旗银行的一位副总裁问他:"你们是怎么想的?"他拿起同事的手机,解释说:"苹果和三星作为竞争对手,在很多模块上互为上下游供应商,但这并不影响它们都成为优秀的企业。如果能给客户带来价值的话,我相信合作和竞争是可以共存的。"

向下游推进

梳理清楚这些问题之后,2014年隆基宣告其第一阶段的战略目标已经达成。下一步隆基将继续向产业下游的电池组件和电站系统发展。为顺利执行企业战略,隆基确立了"1223战略",即至2020年,隆基要实现10个吉瓦的电池组件生产、20个吉瓦的硅片产能、2个吉瓦的光伏电站系统,以及全年300亿元的销售额。

为了实现打通产业下游的战略,2014年10月12日,隆基收购浙江乐叶光伏科技有限公司85%的股权,之后重组为隆基乐叶,正式向光伏电池组件的研发、制造和销售拓展。李文学出任隆基乐叶的总经理。继收购隆基乐叶之后,2015年6月,隆基成立合肥乐叶光伏科技有限公司。同年8月,泰州乐叶光伏科技有限公司成立。两个月后,乐叶光伏衢州基地1吉瓦高效单晶组件项目建成投产。短短一年之内,隆基组建了四个单晶电池组件生产基地。

同时,为了达成新的战略目标,隆基重新调整了其组织架构。目前隆基下设四大事业部,其中包括隆基硅片事业部、隆基新能源事业部、隆基清洁能源事业部,以及隆基乐叶光伏事业部。业务基本覆盖光伏全产业链,由上游的单晶硅棒/片延伸至下游的光伏电站。

李文学介绍说:"隆基清洁能源事业部就是做大型地面电站的。2017年以前,它主要做电站项目的开发和投资业务。2017年下半年,我们就把它调整为电站项目开发和电站系统方案服务商,主要是为客户提供光伏电站项目整体解决方案。比如华能、华电这些大公司,假如要投资光伏电站项目,那我们就可以为它开发符合其要求的光伏电站项目。或者假如客户有一片地,然后想建造一个光伏电站,那么我们就可以为他做电站设计、系统设计,同时为其测算未来的投资收益率。"他紧接着说:"服务增值是一方面,实际上我们还是卖我们的设备。"

2014年正式成立西安隆基清洁能源公司进军光伏电站建设及工程总承包业务后,隆基在光伏电站领域开始崭露头角。2015年11月,隆基乐叶光伏科技有限公司注册成立,开始全力拓展分布式光伏业务。2016年6月,新疆哈密柳阳20兆瓦、柳瑞20兆瓦光伏电站并网运行。[①] 次年6月23日,哈密宣力[②] 20兆瓦光伏电站正式并网发电,开始为新疆用户供应清洁能源。正式并网发电,标志着隆基从上游的材料供应商真正转变为光伏电力的服务商。2017年9月12日、18日,哈密宣力项目、中宁县隆基光伏新能源有限公司先后获得电力业务许可证。未来,隆基清洁能源事业部将持续转型,逐步整合整个光伏产业中少有的资源属性的产业环节。

整体上看,光伏产业仍然是一个充满想象力的产业,许多新的业务场景亟待开发。为了探索新的业务场景或模式,隆基成立了新能源事业部。李文学说:"目前新能源事业部主要是做分布式的电站项目,主要发展方向就是寻找一些新的商业机会,比如说我们正在探索的光伏建筑一体化模式。"在建筑物表层铺设光伏电池组件的模式在欧美等光伏产业发展较早的区域已经部分实现了。"当然,光伏建筑一体化并不像我们现在在屋顶上架设太阳能电站,它实际上在建筑设计的时候已将外墙的太阳能电池板的铺设考虑在内。"李文学介绍道。

---

① 两个项目并网后,均采取项目公司制的形式运营,分别于2016年9月注册成立哈密柳阳光伏科技开发有限公司、哈密柳瑞新能源开发有限公司,由西安隆基清洁能源有限公司全资所有。
② 即哈密柳树泉宣力光伏发电有限公司,由西安隆基清洁能源有限公司全资所有。

第六章
隆基：重构产业链布局

新一轮产能扩张

除了在下游光伏电池组件及电站领域持续发力，隆基并没有放弃上游的硅棒/片业务。事实上，经历了 2010—2013 年的产能过剩期以后，行业开始呈现出新的发展格局。作为幸存者之一，隆基不但没有缩小产能，反而展开了新一轮的产能扩张。这一次，它们的步伐加快了。

新一轮产能扩张的原因主要是国内光伏市场需求的崛起。2013 年，国内光伏组件需求量由上一年度的 3 560 兆瓦陡增至 10 680 兆瓦（如表 6.4 所示），一改过往中国光伏"两头在外"（市场和原料都在国外）的产业格局。

表 6.4　2007—2015 年中国光伏电池组件产量、国内需求和出口比重

组件产量 供需状况	2007 年	2008 年	2009 年	2010 年	2011 年	2012 年	2013 年	2014 年	2015 年
组件产量（兆瓦）	1 340	2 714	4 990	12 437	22 798	25 214	25 610	35 000	41 000
国内市场需求（兆瓦）	20	40	160	500	2 700	3 560	10 680	10 640	15 000
出口比重（%）	98.51	98.53	96.79	95.98	88.16	85.88	58.3	69.6	63.41

资料来源：IEA PVPS（2020）。

这一次的确不一样。

面对新的发展机遇，隆基迅速调整产能安排，并且将目标定为 20 吉瓦的年生产能力。谋定而后动！2014 年 12 月，单晶硅片产能达到 3 吉瓦的无锡隆基二期项目建成并顺利投产。一年之后，隆基在银川正式启动 3 吉瓦单晶硅棒切片项目。一切都在稳定有序地运行中，只是李振国时常还会想起上一轮急速扩张造成的恶果。怎样才能避免这一问题呢？有感于欧美"双反"的压力，隆基在这一轮产能扩张中开始尝试走国际化路线——

将工厂建在海外。2016年4月，隆基在马来西亚成立隆基（古晋）有限公司。其是隆基第一个海外单晶硅片生产基地。在马来西亚设立工厂将有效避开美国的"双反"遏制。隆基（古晋）有限公司的成功建设和运营让李振国一下子建立了在海外投资设厂的信心。三个月后，印度乐叶"500兆瓦单晶组件和500兆瓦单晶电池生产基地项目"投资建设申请获印度商务部发展委员会审批通过。一年之后，隆基新能源事业部泰国子公司成立。

目前，隆基已在全球多个国家和地区，包括澳大利亚、德国、日本、美国和非洲地区投资设厂或设立销售公司。将企业直接设立在海外，对隆基来讲不仅可以规避"双反"掣肘的风险，同时可以更加靠近市场。

创新是隆基发展的基石

半导体技术科班出身的李振国、钟宝申和李文学等人，不仅对技术敏感，而且深信技术是企业发展的基石。企业如果想要做大做强，就必须持续在技术创新方面下苦功。特别是在制造属性的产业中，技术的提升将有效降低制造成本，直接提升企业的竞争力。

早在2011年6月，隆基即成立技术研发中心，作为企业技术创新的尖兵。李振国说："多年来，隆基坚持每年将营收的5%～7%投入在技术产品研发方面（如图6.6所示），目前拥有超过1 000人的技术研发团队。隆基对于研发的投资力度和重视程度在光伏行业中处于领先水平。"

持续的投入也获得了持续的回报。例如，作为行业中最早引进和改造金刚线切割技术的企业，隆基在2014年就已着手在银川隆基试点推广该项技术。金刚线切割技术此前应用于宝石切割领域，后从日本引入中国。经过技术改造的金刚线切割技术应用于光伏行业尚属首例。

图 6.6　隆基技术研发比重

资料来源：隆基官网，2019 年。

在此之前，硅片切割主要的技术工艺是砂浆切割。但是因为应力不均，砂浆切割易造成硅片破损或薄厚不均，影响实际产能的提升。另外，砂浆切割需要大量的水资源进行降温，会产生大量的污水。实际上，隆基下定决心革新切割技术的真正原因在于砂浆切割耗损了大量的硅棒材料。这种浪费主要来自两个方面：其一是打磨切割过程中产生的浪费，其二是砂浆切割很难将硅片切得极薄。据报道，传统硅片电池的制备过程中，约有 50% 的成本来自晶体硅片本身的制造。而且，硅片电池发电量的 90% 以上由硅片表层以下 15～20 微米的晶体转化而来。20 微米以下的晶体硅片主要起支撑器件的作用。换句话说，过于厚重的硅片事实上造成了材料的浪费。目前，经金刚线切割工艺处理，隆基的硅片厚度已降至 180 微米。

2015 年 12 月 19 日，西安切片工厂投资 3.1 亿元的"金刚线切割技术改造项目"全面建成投产。建成后的西安切片工厂硅片产能由 1.15 吉瓦提

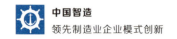

升至 3 吉瓦，年产值增加 24 亿元。技术革新带来的效益是显著的。

技术创新为企业带来全方位的竞争力，除了硅片制造领域，隆基在电池组件业务方面也实现了长足的发展。2016 年 5 月 24 日，乐叶光伏发布新品——低衰减高效率单晶组件 Hi-MO1。Hi-MO1 的初始光衰比普通单晶组件低 50% 以上。所谓效率衰减，主要体现在 P 型单晶电池上。出于硼氧复合体的原因，P 型单晶电池会出现光衰现象，特别是在组建工作的初期尤其严重，2～3 个月内光衰会达到一个峰值。9～10 个月后才能恢复正常的功率。为了解决这一问题，隆基乐叶与新南威尔士大学合作进行技术研发。功夫不负有心人，2015 年，隆基乐叶终于找到攻克此项技术难题的方法——LIR（光致再生技术）。

不过，令人意想不到的是，半年多之后隆基乐叶总裁李文学突然对外公开了此项在全球领先的单晶低衰减技术。敢于对外公开技术，在一定程度上反映了隆基的技术自信和实力。

继发布 Hi-MO1 产品之后，在 SNEC 第十一届（2017）国际太阳能产业及光伏工程（上海）展览会暨论坛上，李振国和李文学共同发布了一个新的重量级新品——Hi-MO2。该产品具有高功率、高发电量、低平准化度电成本等三大亮点，开启了高效单晶 PERC（发射极和背面钝化电池）双面发电技术的新时代。

以往的晶硅电池制备以 BSF（铝背场）工艺为主。BSF 主要利用由铝粉和玻璃料组成的铝浆附着在太阳能电池片上起背场和电极的作用。它的缺点比较明显，主要体现在铝粉附着力差，易掉粉、易受潮、易变形。针对这些问题，隆基决心革新电池制备工艺，采用新的 PERC 电池工艺。2017 年，隆基的 PERC 电池综合光电转换效率达 22%。实验室的最高综合转换效率达 25%。隆基还在持续改进工艺和技术。Hi-MO2 除了单面效率高，还突破性地实现了双面发电技术。也就是说，一块光伏电池板可以同时在正面和背面接收光能并进行光电转换。2020 年，钟宝申宣布 PERC 双面组件正面转化效率提升至 22.38%，再一次刷新世界纪录。类似的技术创新还有很多。

通过技术上的持续创新，隆基逐步构建起自身的核心竞争力，企业的营收与净利润不断提高（如表 6.5 所示）。如今的隆基虽然已经成为行业内的头部企业，成为资本市场上的明星，但它一直对技术保持敬畏之心。李振国曾说："我最担心的还是出现颠覆整个行业的黑科技。"企业家具有忧患意识应当说是一件幸事。如此，才能不断鞭策企业和自身走出舒适区，迎接未来的挑战。

表 6.5　2014—2021 年隆基的营收与净利润

截止日期	营业收入（亿元）	净利润（亿元）
2014-12-31	36.80	2.94
2015-12-31	59.47	5.20
2016-12-31	115.31	15.47
2017-12-31	163.62	35.65
2018-12-31	219.88	25.67
2019-12-31	328.97	55.57
2020-12-31	545.83	87.00
2021-06-30	350.98	49.92

资料来源：根据 2014—2021 年上市公司年报整理得到。

Solar for Solar

通过对技术创新的不断坚持，如今的隆基已经成长为行业内的龙头企业。作为龙头企业，隆基的发展目标开始突破国界和纯粹的经济组织的思考，关注全人类的福祉和未来。2018 年 12 月，李振国在第 24 届联合国气

候变化大会上发布了以光伏发电驱动光伏产品制造的"Solar for Solar"理念。

他认为,"100%可再生能源发电"是实现控温目标最有效的途径。随着光伏技术的快速发展和生产成本的不断下降,在未来两三年光伏发电将成为全球绝大多数地区最经济的电力能源。目前,抽水储能、化学储能、电动汽车储能等技术的不断进步,以及全球能源互联网带来的电力共享,都决定了"光伏+储能"会在十年之内成为主力能源。当光伏制造全产业链由清洁能源驱动时,就可以实现"零碳"生产。李振国认为,以光伏发电驱动光伏产品制造的"Solar for Solar"模式,将有效拓宽光伏发电的应用场景。未来,可以通过光伏发电的大规模应用进行海水淡化、沙漠灌溉,从而实现荒漠绿化、提高植被覆盖率。当地球70%的荒漠变成绿洲时,就能够吸收人类活动造成的所有碳排放,实现真正的负碳发展。通过"Solar for Solar"的发展模式,使得光伏起到修复生态的积极作用。

李振国为什么会提出这样一个理念呢?除了作为企业的社会责任担当,必须指出的一个关键问题是,光伏器件制造本身产生污染和碳排放的可能性。从硅砂、多晶硅到单晶硅的逐步提纯过程中,需要消耗大量的热能。高达1 400多度的炉温需要大量的电力或其他能源,而在中国,火电仍然是一个重要的电力能源构成。即使光伏器件制造上不直接使用煤、油等化石燃料,间接使用燃煤产生的电力同样不利于碳排放的减少。因为企业既然选择了煤电,就说明煤电的制造成本低于光伏发电的成本。只有使用水电和光伏等清洁能源,才能使整个光伏产业实现100%的清洁。

认识到这一点,在进行第三轮产能扩张的同时,隆基将易产生能耗的硅棒/片生产密集布局在云南等水电便宜的区域。2016年9月30日,隆基与云南省保山市人民政府签署年产 5 吉瓦单晶硅棒建设项目投资协议。该项目总投资约 20.99 亿元，利润约 5 亿元。同年 12 月 2 日，隆基与云南省楚雄彝族自治州签订合作协议，将在那里投资约 25 亿元，建设年产 10 吉瓦高效单晶硅片的项目。翌日，5 吉瓦产能的丽江隆基举行开工仪式。

2018 年，隆基再度掀起在云南扩产和密集建线的热潮，分别与保山、丽江签订年产 6 吉瓦单晶硅棒项目的投资协议，与楚雄签订年产 10 吉瓦单晶硅片项目的投资协议。

未来图景

隆基用实际行动实践 "Solar for Solar" 的可持续发展理念。创新与可持续发展是隆基经营的两大核心理念，在该理念的引领下，如今的隆基为全球供应 31.84 吉瓦（另有 26.31 吉瓦自用）的高效太阳能单晶硅片和 23.96 吉瓦的组件产品，满足全球约 1/4 的市场需求。隆基被业内公认为最有价值的太阳能科技公司，也是目前全球市值最高的太阳能科技公司。

关于未来的发展，李振国坚信，光伏发电一定会成为未来最廉价、最清洁的能源形式。在技术上，光伏发电目前主要面临两大障碍：其一是储电技术，因为受日光影响，光伏发电呈现非连续的状态。其二是光伏上网之后，需协调和电网的关系，使白天发电的光伏能够充分满足用户需求，充分利用光伏能源。

在全球兴起 "抵消碳足迹"，中国向全世界做出 "碳达峰、碳中和" 承诺的今天，隆基加入了多项全球气候变化倡议，承诺最晚于 2028 年，在全球范围内的生产及运营中 100% 使用可再生能源。"我们修复的速度，必须比破坏的速度快才行。" 李振国说。

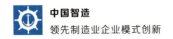

参考文献

李晓刚，2007. 中国光伏产业发展战略研究［D］. 长春：吉林大学.

王斯成，2007. 2006年中国光伏产业链市场发展预测［J］. 中国建设动态（阳光能源），2：72-73.

张志学，仲为国，2016. 中国企业组织创造力的障碍［M］//乐文睿等. 中国创新的挑战：跨越中等收入陷阱. 张志学，等审校. 北京：北京大学出版社：289-312.

邹润芳，2018. 硅片大规模投资拉开序幕，国产设备迎来春天［R/OL］.（01-02）［2022-02-01］. https://max.book118.com/html/2018/0525/168475061.shtm.

IEA PVPS，2020. Annual Report 2015［R/OL］.［2022-02-01］. https://iea-pvps.org/wp-content/uploads/2020/01/IEA-PVPS_Annual_Report_FINAL_130516.pdf.

第六章
隆基：重构产业链布局

我和隆基的二十年

李振国[*]

自 2012 年隆基上市起，媒体对隆基的关注多了起来，我也陆陆续续接受了很多记者的采访。在采访中，我常会被问到两个问题：一是，我为什么会走上光伏这条道路？二是，隆基能够历经光伏产业的起起伏伏走到今天，到底做对了什么？这两个问题也是贯穿我个人及隆基二十年发展历程的核心所在。今天很荣幸能够借这个机会，由这两个问题回顾我个人和隆基走过的这二十年。

我的光伏"哲学"观

我个人对光伏产业的理解，是一个不断深化的过程。2006 年之前，可以说我对光伏以及光伏产业的了解都很有限。虽然从毕业起一直在从事和单晶硅相关的工作，但诚实地讲，那是因为我只会做单晶硅这一件事，进入单晶硅这个行业也更多的是为了生存和养家糊口，当时我对于光伏产业的理解比较模糊，更谈不上思考单晶硅能为这个世界带来什么。

---

[*] 李振国，隆基绿能科技股份有限公司创始人、总裁。

隆基全面进入光伏产业的 2006 年，也是我个人对光伏产业进行深入思考的开端。2004 年，德国出台了《上网电价法》，在国家政策的支持下，德国光伏发电装机量快速上升。在此后的一段时间内，全球多个国家出台了支持光伏发展的政策，国内外光伏产业迎来了一个飞速发展期。当时主攻半导体单晶材料的隆基收到了大量光伏级硅片订单，这让我看到光伏这个充满机遇的产业。2006 年，我的老同学钟宝申正式加入隆基，也是在那时，我们从技术层面对光伏产业进行了深入的分析和研究。经过这样的分析和研究，我们认为光伏产业的本质一定是推动度电成本的不断下降，而单晶在转换效率方面的先天优势一定会使其成为推动度电成本下降的最优方案。所以，隆基始终坚定地选择单晶技术路线，并不断地推进单晶方面的技术研发和创新，希望以技术进步推动成本的不断下降。可以说在那段时间里，如何推动单晶光伏产品的成本下降是我个人以及隆基团队对行业思考的重点，也是我个人对光伏产业理解的第一个阶段。

我个人对产业思考的转折发生在 2014—2015 年间。那时，在技术进步的推动下，光伏发电的成本在几年间实现了快速下降，这种成本下降速度甚至超出了绝大多数从业者的预期。这让我意识到，在不久的将来，光伏将成为世界上最经济的电力能源，光伏发电产业将迎来一个全新的发展阶段。也正是在那段时间里，全球气候变暖问题愈演愈烈，世界各国对于共同开展气候行动、遏制气候变暖的呼声也越发强烈。在 2015 年的第 21 届联合国气候变化大会上，UNFCCC 近 200 个缔约方一致同意通过《巴黎协定》，为 2020 年后全球应对气候变化行动做出安排。也正是基于这两个原因，我开始思考光伏将以怎样的方式改变人类现有的能源结构，光伏在未来的人类社会又将发挥怎样的作用。

第六章
隆基：重构产业链布局

直到 2018 年，我参加了一个企业家和学者班的学习，其中有一段的课程是在剑桥三一学院上的，我也有幸聆听了三一学院前院长、著名天体物理学家马丁·里斯先生的一堂课，那堂课的名字叫作"2050 年的地球"。课堂上，老先生对于地球的未来充满忧虑，尤其对过去一百年来人类活动对地球生态的巨大破坏痛心疾首。同样来自剑桥大学的伟大的物理学家霍金也曾经预言，2060 年的时候人类将被迫离开地球，原因同样在于环境的破坏与能源的枯竭。在当时的课堂上，我与马丁·里斯先生进行了一些交流、讨论，甚至争论。马丁·里斯和霍金都拥有这颗星球上最为智慧的头脑，我理解他们对于人类未来的担忧，但我同样认为他们严重低估了光伏对于人类未来的作用。

那次剑桥之行让我对于光伏的作用有了更为深入的理解。我坚信，能源结构的转型已经到来，人类在不久的将来能够实现 100% 的清洁能源供应。在这个过程中，我们也将完全以清洁能源乃至光伏发电实现光伏产品制造，实现全产业链的零碳制造，通过光伏与多种储能以及远距离输电等技术的结合，有效解决光伏的间歇性问题。光伏在具备经济性、连续性和零碳制造这三大要素后，就可以为海水淡化、荒漠灌溉、远距离调水等工程提供大量可负担的清洁能源，并以此开展荒漠绿化。根据我们的测算，当地球荒漠面积的 70% 成为绿洲时，就可以固化人类历史上造成的所有碳排放，实现负碳发展，修复地球生态。这也就是隆基今天"Solar for Solar"的生产制造理念。目前，隆基已经开始在中国云南和马来西亚古晋进行用清洁的水力发电生产光伏产品的绿色制造尝试。从"养家糊口"到"Solar for Solar"理念的转变也是我个人二十年间对光伏产业的理解不断深化的体现，这种近乎"准哲学"的思想也是这二十年来支持我从事和坚守这项事业并不断推动企业发展的信心所在。

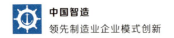

隆基是一家怎样的企业

熟悉光伏的朋友都知道这是一个竞争异常激烈的行业，隆基不断成长的二十年间，也见证了光伏行业波澜壮阔而又风起云涌的发展历程。隆基之所以能在激烈的市场竞争中不断发展壮大，成为行业领军者之一，最关键的因素就是隆基始终坚持从事物本质出发进行分析判断的决策方式和决策机制，我们可以说它是隆基的文化内核，甚至是隆基这家企业与生俱来的"性格"。

隆基创立于 2000 年，在企业刚刚成立的两三年里，都是由我一个人负责经营管理工作。在个人决策的那段时间里，我的所有指令也包括错误的决定，都会得到迅速、彻底的执行，这让我感到了危险的来临。我开始思考隆基应该形成一种怎样的运营管理机制，应该成为一家怎样的企业。2003 年，我开始逐步建立集体决策机制，钟宝申董事长和隆基的管理层在那个阶段陆续介入隆基的各项决策之中，隆基的"性格"也是从那时开始形成的。

从事物本质出发进行分析判断是隆基决策机制和治理机制的基础，也是我们一直坚持的理念。同时，我们始终将创新能力作为企业的核心竞争力，我们坚信推动创新的土壤是自由的思想。因此，在隆基创立之初，我们就致力于营造"无压力表达个人观点"的氛围，希望企业的每一位员工都能够在完全自由的环境中基于事物本质表达观点而不受其他任何因素的影响。这样才能保证企业的所有重大决策都认真听取了每一位参与者的意见和想法，最终在充分讨论的基础上形成集体意见。也正因为如此，我们才能在技术路线判断、产业链延伸等多个关键节点始终保持正确的判断。这都是集体决策的成果，而我只是参与决策的一员，在企业发展的很多关键节点，可以说钟宝申董事长以及其他参与决策者发挥着更为关键的作用。

如今，这样的公司治理机制以及决策机制已经成为隆基所有部门和员工开展工作的基本方式，也深深融入隆基的血液之中，推动着隆基不断前行。回首隆基二十年的发展历程，如果说我对隆基有什么贡献的话，我认为最大的贡献就是创立了这家企业，为大家搭建了这样一个平台，引入了这样的治理机制。隆基今天所取得的成绩则是隆基管理层和所有员工共同努力的结果。

二十年间，在所有隆基人和同业伙伴的共同努力下，光伏平价上网的目标已经基本实现，光伏产业也将迈入高质量发展的新阶段，我们坚信光伏在未来能源结构转型的过程中将发挥极为重要的作用。而要实现能源转型目标，我深知要走的路还很漫长，也相信隆基会更加稳健和坚定地走下去！

科技引领，稳健经营，导致了跨越式发展

隆基在过去这些年太阳能光伏产业跌宕起伏的环境下成长为全球规模最大的太阳能科技公司，在全球拥有 6 万名员工，其中海外员工 1 万名。对于隆基成功的原因，我认为主要有以下几点：

第一，我们对光伏产业的前景始终保持坚定的信心，能够集中全部资源，专注于光伏主业并持续深耕，这是隆基能够不断发展壮大的根本原因。其实在光伏产业发展的初期，特别是在 21 世纪初的时候，光伏发电的成本还是非常高的，2004—2008 年出现了比较好的行情，因为那时德国的《上网电价法》出来之后，引发了全球市场的爆发。之后又进入低迷期，整个过程当中，隆基一直保持坚定的信心。因为作为清洁能源，光伏是一个能为人类社会环境发展提供巨大帮助的、好的、善意的产业。有一个名

词叫善意经济，在这一点上来说我们的信念是坚定不移的。同时，我们也相信通过我们的努力、通过技术的进步，光伏发电的成本会逐步降低，最后一定可以与化石能源进行竞争并对其形成替代。在这两种信念的引导下，我们将所有的资源投入这个行业，包括把我个人的全部身家也放到这个行业里面来。现在我们可以很自豪地说，在过去的十几年当中，我们取得了卓越的成就。举个例子：10 年以前我们的单晶硅片要 100 元一片，现在是 4 元一片。2020 年国内新冠肺炎疫情最严重的时候，多晶硅料也没有出现高价，仅 2 元多一片。单晶组件从 10 年前的 30 元一瓦降到 1 元多一瓦。如今，光伏在全球绝大多数国家和地区已经成为当地最便宜的电力能源了。

第二，在遇到战略决策、技术路线选择以及疑难问题时，我们一直遵循两个原则：第一性原则和立足未来的原则。我们遵循这两个原则进行重大的战略决策，使隆基能够不出现重大误判，而是始终保持正确的战略方向。2009 年，硅片切割技术的问题出现了。因为按常规的成本分析方法，切割线是在切割硅片过程中占成本最大的一块，所以很多同行决定要在切割线环节下大功夫，即尽可能地降低线耗。事实上，我们通过一个"最本质的分析"认识到，切割线供应链的扩产很快会使切割线的价格降下来，但另外一个成本要素——碳化硅粉（我们称之为金刚砂）——本身是一个重能耗的产品，我们认为材料本身降本的空间或者供应链努力降本的空间是比较小的。所以，我们要在自身工序上去解决减少金刚砂用量的问题。我们的研究方向就是把重点放到对金刚砂的充分利用上。果不其然，到第三年，切割线的价格降到原来的 1/8，金刚砂成为硅片切割工序的第一大成本构成。我们通过"最本质的分析"衡量不同材料的降本空间，转而在自身工序环节下功夫，最终获得商业上的成功。

第三，一旦方向明确了，问题的根本症结找到了，我们就大规模地投入研发，坚持自主技术创新，构建核心竞争力，真正掌握竞争和发展的主动权。这也是隆基能够保持竞争优势，并不断引领和推动行业进步的重要保障。从2012年隆基在上交所上市一直到2020年，8年间隆基的累计研发投入接近80亿元。从2017年开始，隆基每年的研发投入都在十亿元以上，2020年达到了26亿元的水平。2019年，美国很著名的一家资讯机构就出过一份报告，指出自2017年起，隆基成为全球光伏行业研发投入最大的企业，每年的研发投入超过美国前两大光伏企业研发投入的总和。这种大规模的研发投入为隆基形成技术领先、产品领先和成本领先的核心竞争力打下了坚实的基础。在单晶硅片环节，过去这些年，我们持续保持着45%左右的市场份额，在全球范围内这也是我们具备核心竞争力的体现。在电池和组件业务方面，虽然我们进入的时间比较晚，但是在过去五六年间，我们也是持续引领这个行业的发展，比如从多晶技术向单晶技术的转变。2017年，我们推出双面组件（正面、反面都可以发电，可以将地面的反射光和空气当中的一些散射、折射光加持到电池组件背面来增加发电收益），现在其已经成为相当多地面电站的标准配置。2020年，我们持续推出高功率的组件。2021年6月初，我们又发布了三项下一代电池技术。我们目前保持着商业化尺寸转换效率的世界纪录，这些成果都是与我们的高研发投入分不开的，这是我们成功的第三个原因。

第四，我们始终保持稳健高效的经营策略，控制经营和财务风险，这一点是我们能够保持基业长青的基石。我们也看过很多企业发展的案例，特别是一些大中型企业，最后出现问题，多数不是由亏损造成的，实际上还是因为扩张过快，导致财务不够稳健，出现现金流断裂进而崩塌的情况。光伏产业良好的发展前景吸引了众多的市场参与者，市场竞争是比较激烈的。同时，光伏产业重资产投入的特点，又对企业的资源能力提出了比较高的要求，而在产业高速发展的过程中，盲目追求经营规模的快速扩大，非常容易出现对风险控制的忽视，从而使企业面临重大的经营和财务风险。在过去二十年的发展历程中，隆基始终秉承稳健经营的策略，注重控制经营和财务风险。在经营风险控制层面，坚持"有多少资源办多大事情"的原则。在发展早期，由于资源和能力相对有限，隆基并没有盲目追随市场选择一体化模式，而是将资源聚焦于单晶硅片单一环节，坚定地走专业化路线，加快形成全球竞争力，并在2011年实现了成为全球最大的单晶硅片专业化厂商的战略目标，一步步成为行业领军者，在此基础上才开始向下游延伸，实施一体化战略。在产能扩张方面，隆基坚持"不领先不扩产，不卡脖子不介入"原则，新建产能的前提必须是技术领先于行业，必须有强有力的财务支持，而不是追求短期利益、行业排名。正是对经营层面的有效风险管控，才避免了企业过早分散资源导致大而不强的局面。在财务风险控制方面，隆基在高速发展过程中始终坚持底线思维，将资产负债率控制在50%左右的合理水平，不过度运用杠杆，不做超出能力范围的事情。隆基在全球权威光伏研究机构发布的全球光伏企业财务健康稳健度排名中连续多年位居全球第一，成为海外银行白名单企业中被评为3A的企业。有效的财务风险控制确保了隆基即使在面对行业重大波动时，也能保持正常经营和发展的状态。同时，隆基坚持务实协作的企业文化，反对浮夸，反对形式主义。隆基坚持对高效卓越运营的追求，设立团队高目标，建立合理评估团队价值的体系，有效地通过激励引导，让每一分钱都产生价值、每一个人都有成效，促进人才发展。

第五，充分借助国内资本市场助力企业发展，为隆基快速做大做强提供重要的外部支持。隆基自2012年首发上市以来，先后借助国内资本市场实施了6轮融资，累计融资规模接近200亿元，2021年隆基还有70亿元的整合转债，如果加到一起的话接近270亿元。这不仅为隆基战略目标的有效落地提供了可靠的资金保障，还为投资者带来了丰厚的回报，在这个过程中形成了企业与资本市场的良性循环。此外，隆基还实施了两期上市公司股权激励计划、两期有限制性股票计划，覆盖员工约 1 700 人，为企业的发展提供了有力的人才保障。

以上就是我对隆基在过去这些年发展情况的总结。张志学老师也在引导我们做这方面的经验总结。2021 年年底，隆基决策层、管理层高管一起开了一个战略研讨会，在研讨会最后总结时，我们提出了企业可持续发展的五个重要因素。第一，企业需要有正确的社会价值观，这一点我们认为是最重要的。第二，顺应社会发展趋势，不能逆势而行。如果做得比较好的话，可以引领社会的发展趋势。第三，一切以客户为中心，在任何时候都不能挑战客户，不能卡客户的脖子。第四，保持开放和学习的态度。在光伏行业中，过去这些年我们做得可能还不错，但是在精益生产维度上，我们与丰田等相比还有很大的差距；在数字化能力方面，我们与国内领先的美的、华为等相比还有很大的差距。所以我们要保持开放学习的态度，在不同维度上向最佳践行者靠近，向全球最优秀的企业学习。第五，进行有效的组织管理。有效的组织可以从两个方面来理解：一是要建立起有效的组织，二是组织要能够有效地运作。

希望隆基能够在不断发展的过程中为国家和社会做出应有的贡献。

最后，再次感谢北京大学光华管理学院能够关注隆基，关注中国光伏产业的发展！我们也会再接再厉，用不懈的努力推动能源变革的早日到来。

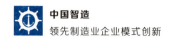

从李振国看隆基的"性格"

杜红格[*]

中国的光伏产业从来都不平静，二十年的发展历程，创造了无数传奇，也见证了无数传奇的陨落。隆基是中国光伏产业二十年风雨的亲历者，见证了太多行业巨头的兴衰变迁，在成立的第二十个年头，这家一贯低调的企业已经悄然成为新的行业龙头。在今天的光伏产业内，也有一些对隆基的质疑声。但在你真正了解了这家企业的创始人李振国后，你一定会打消这种质疑，因为在他身上你会看到这家企业与众不同的性格和魅力。

不忘师恩

多年以前，隆基在光伏产业声名鹊起之时，坊间也有很多对"隆基"二字来源的解释，有人说"隆基"是"生意兴隆、基业长青"之意，也有人说崛起于唐都西安的"隆基"取的应是唐玄宗李隆基之名。

其实，"隆基"二字也真的是取自人名，不过并非唐玄宗李隆基，而是

---

[*] 杜红格，陕西省渭南市蒲城县政府研究室主任。

我国著名的教育学家、兰州大学的老校长江隆基先生,而兰州大学也是李振国的母校。后来,李振国也多次在不同场合提起,其实他并未见过江隆基老先生。江老在"文化大革命"期间去世,李振国进入兰州大学求学已是 1986 年。但是在入学教育时听到的江老的一句话让李振国铭记至今——"教育让人类更美好",他说:"这句话也打动了当时在场的很多同学,那时我们就说过,日后创业一定以'隆基'为企业命名。"在那一年,与他一同考入兰州大学物理系的还有如今隆基的董事长钟宝申、隆基的副总裁李文学、隆基大股东之一的李春安等人。他们以隆基为基础,创办了多家子公司,并且这些公司无一不是注重研发的技术驱动型企业。

"兰大合伙人"

说到隆基,"兰大合伙人"是绕不开的话题。2017 年 1 月 11 日,"2016 十大经济年度人物"颁奖盛典在北京举行,隆基董事长钟宝申获奖,李振国、李文学到场助阵,一时间,"兰大合伙人""兰大三剑客"集中出现在公众视野中。中国人常说,至亲挚友不适宜共同创业,但李振国却总说是因为有了钟宝申和各位同学的加入才有了今天的隆基。

这要从李振国波折的创业历程说起。在创立隆基前,李振国有多次创业经历,直到 2000 年创立了以半导体材料为主营业务的西安新盟电子科技有限公司(隆基的前身),他的创业历程才步入正轨。而那时,他的老同学钟宝申创立的沈阳隆基电磁已经成为国内电磁选矿行业的翘楚,李文学也在陕西本地的一家国有企业进入了核心管理层。成立隆基初期的李振国,掌握经营管理大权,用他自己的话来说就是那种感觉非常爽,所有的指令都会得到迅速彻底的执行,但伴随而来的危机就是正确的指令会被迅速执行,错误的指令也会被迅速执行。经历过一次经营误判后,李振国对于企业管理有了更为深入的思考，他决定引入对自己的制衡力量，以集体决策代替个人决策，而其老同学钟宝申则是最佳人选。在隆基创立6年后，钟宝申加入进来，"兰大合伙人"的故事拉开序幕。自己引入力量制衡自己，这是极为少见的现象。而多年来，在企业管理上，李振国、钟宝申等隆基的管理层从未有过重大分歧，这一方面取决于他们作为同学之间天然的信任感，另一方面则是源于他们从不计较个人得失，永远出于企业利益进行决策，这种品质让人不由得心生敬佩。

从本质出发

当然，能将这群"兰大合伙人"凝聚在一起的，除了同学间的信任和共同创业的热情，还有一个在国内方兴未艾的新兴产业——光伏。2004年，身处单晶半导体行业的李振国接触到了正在兴起的光伏。彼时，德国刚刚推出了《上网电价法》，在国家的政策支持下，德国光伏发电装机量快速上升，众多国内外光伏厂商也在那时兴起。当时主攻单晶半导体材料的西安新盟也收到了大量光伏级硅片订单，李振国敏锐地捕捉到了这个商机，他给正在马来西亚出差的老同学钟宝申打电话征求意见，并相约回国后进行深入分析。随后，李振国与钟宝申共同对光伏产业前景及市场进行了深入分析，认定光伏发电将成为未来主流的发电形式，坚定了进入光伏领域的信心，而这两位物理专业毕业生基于问题本质进行判断的分析决策方式也成为隆基这家企业的文化内核，多年之后因为埃隆·马斯克而走红的"第一性原则"强调的同样是基于事物的本质分析问题。

在之后的几年时间里，李振国、钟宝申与他们带领下的隆基团队，也正是依靠这样的经营思路，在竞争激烈的光伏产业异军突起，成为行业龙头。而其中的关键节点更可以凸显他们的性格。其中之一就是李振国多次提到的过剩论，这也是他们基于社会发展本质做出的分析。李振国认为凡是人类能够生产出的物品，短缺都只是暂时的，而过剩则是常态，因此，在行业拥硅为王的年代里，隆基拒绝了当时价格更为低廉的硅料长单，坚持以市场价采购硅料。短短几年后，硅料价格一落千丈，很多光伏企业都因为硅料长单而背上了沉重的成本负担，李振国以及隆基看待问题的深刻洞见令人赞叹。

单晶的执着

在隆基所有的商业选择中，最为业内认可的便是其对技术路线的准确判断。对光伏产业稍有了解的人都知道，技术路线之争一直以来都是光伏产业的核心议题，从最初的晶硅与薄膜之争，到后来的单晶与多晶之争，而终结技术路线之争的正是隆基多年以来一直坚持的单晶路线，这同样是基于事物本质看问题的分析决策方式做出的选择。在进入行业之初，李振国、钟宝申就带领技术团队对光伏产业及业内技术路线进行了深入分析，他们认为光伏产业的本质就是度电成本的不断下降，而单晶在转换效率方面的先天优势则是推动度电成本下降的最优方案。因此，隆基多年来始终坚持单晶路线，即使在单晶市场占比一度不足5%的情况下，他们也从未动摇。

当然，面对市场份额的急剧下降，李振国也并非无动于衷，他选择了主动进入下游市场，以产品证明单晶的优势。而这也意味着隆基要进入其客户的市场，与客户展开竞争。这对于很多上游企业来说都是大忌，但李振国并不这样认为，他曾经举过这样一个例子：三星和苹果都是手机市场巨头，但苹果采用的很多元器件和解决方案又是由三星提供的。他说，只要能为客户创造价值，解决客户的问题，就不会与客户产生矛盾。在进入下游市场的四五年间，隆基在上游硅片板块的业务并没有受到直接影响，下游组件板块的业务也迅速做到了国内前列，单晶与多晶的路线之争也几乎被隆基凭一己之力扭转，单晶彻底成为市场主流，这种执着的精神也是其成功的必然因素。

从未改变的李振国

从一家名不见经传的半导体厂，到今天的全球光伏产业巨头，李振国所创立的隆基在二十年间取得了快速发展，而企业的壮大并没有改变李振国，他始终保持着谦逊、低调、质朴的优秀品格。这方面，李振国倒是与很多老一辈香港企业家具有很多的共同点。在与李振国相处的过程中，我们总能发现一些与他千亿元市值上市公司总裁身份"不相符"的地方。到今天，李振国抽的仍是市价 10 元的白沙烟，在隆基总部所在的产业园里，10 元钱的白沙烟甚至有了"总裁烟"的趣称，尽人皆知。在隆基总部的餐厅里，也总能看到李振国和同事们一起排队取餐、就餐的场景，对此隆基的员工早已习以为常，低调、为人谦和也是很多相熟的朋友对李振国的一致评价。

当然，李振国的低调并不等同于吝啬；相反，对于公益事业，他一直有着很大的热情。早在 2010 年，李振国就与隆基多位高管、热爱公益事业的企业家、社会爱心人士共同在中国红十字总会发起成立了"隆基百分之一基金"。本着"百分之一的奉献，百分之百的改变"的宗旨，倡导每个人把百分之一的收入、时间或精力用于社会公益事业。自成立以来，"隆基百分之一基金"开展了捐助青海玉树地震灾后重建、救助先天性心脏病儿童、公益助学等一系列慈善项目，使来自隆基的爱心通过中国红十字总会的平台传递给更多社会公众。仅在公益助学方面，10 年来，就有 600 多名学子在

"隆基百分之一基金"的帮助下顺利完成学业。2019年，在母校兰州大学成立110周年之际，李振国更是向母校捐赠1亿元，用于支持母校的教育事业。而如此大金额的爱心捐赠，却几乎没有见诸各类媒体，据说这也是李振国自己的意思，他的低调由此可见一斑。我相信，也正是这些优秀品质，让他今天的成功成为必然。

"国"光结缘,此生同行

冯晓靓[*]

伟大的时代,由伟大的创始人推动。时代风起云涌,百舸争流。每个行业都有一群为梦想燃烧自己的创始人。他们默默耕耘,一路披荆斩棘,为时代带来新的可能、新的变革和新的力量。尤其光伏产业瞬息万变,即便是极具创新力的创始人,也需要应对技术、环境和社会领域的诸多挑战。

2019年12月4日,我有幸陪同北京大学光华管理学院的张志学教授聆听了中国民营企业500强隆基集团李振国、李文学两位企业领袖从行业、产业到企业经营发展等方面的见解,从而对隆基集团和光伏这个绿色光明的产业以及造福人类的事业产生了新的认识,受益匪浅,感触颇深。

兄弟同心,其利断金

每个知名品牌都有自己独特的气质。隆基的气质是什么?低调、谦逊、严谨、务实、专注。在隆基领导人身上,也能清晰地感受到这些气

---

[*] 冯晓靓,西安冠美颐高办公家具有限公司董事长。

质。李振国、钟宝申及李文学三人为兰州大学同级校友,曾在江隆基校长的石像下立誓,将来若是办企业,必定取名"隆基"。时隔二十年,三人携手共创事业,合作之所以非常愉快,不仅是因为他们之间有深厚的同学情谊,相互理解、相互信任,而且因为他们想法一致、分工明确,李振国带头引领,钟宝申把握方向,李文学稳健助推隆基向下游产业链延伸,创业版图逐渐圆满。"兄弟同心,其利断金",在他们的领导下,隆基实现愿景指日可待。

可靠,增值,愉悦

一项有意义的伟大事业,需要的是一种社会责任感,一种对行业坚定的信心和执着的信念。隆基人之所以能够实现伟大的目标,就源于六个字的核心价值观:可靠,增值,愉悦。这一核心价值观在寻求社会、员工、客户、股东几个维度的平衡关系中得以体现。三个可靠:可靠的企业员工,可靠的产品质量,可靠的企业品牌。三个增值:善待员工及维护股东利益,企业方能得到长足、持续发展;产品以客户价值为出发点带来增值;对社会有正能量、有意义的贡献。愉悦:企业环境里要相互尊重,坦诚交流,给员工平台,共同发展。隆基人带着"善用太阳光芒,创建绿能世界"的使命,力求缔造全球最具价值的太阳能科技公司。

本质判未来,战略定乾坤

如李振国总裁所言:一是立足本质,从事物最细致的角度来判断,找到最本质的逻辑;二是立足未来,要看到事物未来的变化。无论是战略研判,还是技术路线研判,抑或是重大的技术疑难问题、管理问题研判,都离不开这两个研判原则。隆基之所以能有今天的发展，除了因为具有正确的研判原则，同时还源于其对路线的判断和对竞争策略的规划，具体来说：一是对从事的行业有坚定的信心；二是有判断准确的方向；三是研究解决问题，在创新研发上舍得投入；四是有稳健的财务做保障。隆基以两个研判原则和四个竞争策略为指导，集中力量在自己具有优势的环节，最终在行业中占据高地。

隆基是全球最大的单晶硅光伏产品制造商，从优质的原料到卓越的单晶光伏产品，其依托强大的研发能力、精湛的生产工艺、全球化的产业布局和合作伙伴，确保每一件性能稳定的产品都能如期交付。无论是从生产第一吨单晶硅到成为全球最大的单晶硅光伏产品制造商，还是从单一产业结构到三大产业板块齐头并进，隆基一直以技术创新为驱动，以服务创新为保障，以管理创新为支持，使得企业稳健发展，同时也获得了业界的一致认可。一直以来，隆基始终专注于单晶硅光伏产业的发展，无论遇到怎样的波澜，其对绿色能源的不断探索从未动摇。所以，可靠是隆基成就行业领先品牌的保障。

隆基拥有国际一流的核心技术，单晶硅产品转换效率不断提高，具有长期高效的收益保障。推动新能源高质量发展，需要全面提高清洁能源的利用效率和生产效率。要通过不断的技术创新、产学研相结合等方式，为行业创造更高效率、更低成本、更规模化应用的产品。同时，敏锐洞察市场动态，以高效管理和有效沟通实现企业与市场的协同发展。所以，高效是隆基成为行业领先品牌的前提。

隆基还依托强大的企业实力和精英团队，为全球用户提供绿色能源系统解决方案，在为客户提供高品质单晶硅产品的同时打造金融一站式服务平台，形成完善的服务网络，为全球客户提供全方位的服务与支持。所以，科技是隆基成为行业领先品牌的本源。

这也是作为企业家，无论是在创业中还是在经营中都应该学习的经营理念：可靠的企业优势，高效的行业优势，高科技的产品优势。

远筹愿景，砥砺前行

2018年，在第24届联合国气候变化大会上，李振国阐述了"Solar for Solar"理念，展示了"以清洁能源制造清洁能源"的未来光伏发展模式。

2019年，李振国在第25届联合国气候变化大会上面向全球发布了《中国2050年光伏发展展望》报告，报告由隆基联合国家发展和改革委员会能源研究所、陕西煤业化工集团有限责任公司共同研究完成，从技术、成本、路径、支撑、模式及效益等角度入手，阐明了无论是实现第25届联合国气候变化大会的"脱碳"目标，还是达成全球长远的可持续发展愿景，光伏发电都将是重要的中坚力量。预计2025年前，光伏发电将成为最经济的新增发电技术之一；到2050年，光伏将成为中国第一大电力来源。这份报告展现的光伏产业前景得到了多位现场专家的高度认可，是全球第一份由可再生能源民营科技企业作为重要参与方的清洁能源技术展望报告。该报告更加系统地展现了隆基在光伏技术、制造乃至整个产业上的深入洞察。

中国政府长期以来对于气候、减排问题的积极态度和庄严承诺，也是可持续发展目标得以实现的基础。隆基重新定位了光伏在气候变化中的角色与意义。作为清洁能源企业，隆基也在持续探索如何从企业的角度为绿色地球做出更多贡献，充分彰显了中国新能源企业在全球应对气候变化过程中的洞察与担当。

随着分布式光伏的发展和储能技术的创新应用，未来用能的模式也将发生巨大的变化，电力的调度与交易会更智能、更能满足不同的用电需求。光储聚合、光储共享和"虚拟电厂"等模式,更将充分重塑家庭和商业机构的用能格局。高比例光伏发电的发展,将进一步带来巨大的生态环境效益,显著减轻环境污染,并从能源供给的源头减少温室气体的排放。

隆基的发展是垂直一体化发展,从硅片到电池组件,新兴技术赋能产品转化,高质量发展。隆基在发展过程中,坚持高质量发展和新旧转换,不断探索未来发展,洞察未来趋势,成为行业发展的推动者。中国经济也必将在更多同隆基一样有着伟大使命感的优秀企业的推动下实现高质量发展。隆基通过技术再创新,用清洁能源制造更多的清洁能源,实现生态共生共融圈,改善人类环境,承载起修复地球生态的伟大任务。

如果把隆基比喻成一艘船,李振国就是船长,他要带着隆基到什么地方去,就是通常所说的确定企业的战略方向。李振国希望隆基的每一位奋斗者都能对事业有坚定的信心,希望隆基成为值得尊重的企业,隆基的每一位成员都会因在隆基的每一天而感到人间值得。未来也许不一定会一帆风顺,但无论遇到何种风浪,加快推动清洁能源的发展、肩负修复地球任务的隆基人都将奋不顾身、一往无前!

第七章

陕鼓：推动智慧能源

陕鼓变革十六载[①]

张志学

陕鼓的转型

陕西鼓风机（集团）有限公司是中国设计制造透平鼓风机、压缩机成套装备和提供相关专业服务及运营的大型企业。企业始建于1968年，1975年建成投产，1996年由陕西鼓风机厂改制为陕西鼓风机（集团）有限公司（以下简称"陕鼓"）。陕鼓共有三大业务板块：能量转换设备制造、工业服务和能源基础设施运营。陕鼓的核心产品包括轴流压缩机、能量回收透平装置、离心鼓风机、离心压缩机、通风机五大类，广泛应用于石油、冶金、化工、空分、电力、国防等领域。

陕鼓在过去近二十年中，用变革诠释了中国制造业升级的独特战略。其实，从2001年开始，面对国外先进装备企业进入中国以及中国工业化进程的加快，陕鼓采取差异化的发展战略摆脱同质化竞争，从而由一家传统的国有制造业企业转型成为"源于制造，超越制造"的新型制造业企业。2005年，陕鼓开始走向深化发展的转型之路，并逐渐明确了"两个转变"

[①] 本章基于张志学对陕鼓原董事长印建安进行的专访并参考相关报道写作而成。本章的写作得到国家自然科学基金重点项目"转型升级背景下组织创新的多层因素及动态机制研究"（71632002）的资助。

的发展战略，即"从单一产品制造商向能量转换领域系统解决方案商和系统服务商转变；从产品经营向品牌经营、资本运营转变"。通过"有所不为，有所作为"，以满足客户需求为中心，聚焦核心能力建设，实现业务的"同心圆"放大。"两个转变"战略引领企业逐步发展为服务型制造企业。2001—2017年间，陕鼓总资产增长了189亿元，净资产增长了约86亿元。2017年的资金资产是2000年的109倍。2018年，陕鼓的服务和运营收入占比约59%；陕鼓产值约占风机行业的13%。截至2018年年底，服务+运营板块订货占销售的比重达到75%以上。

陕鼓用了近二十年的时间，坚持"两个转变"战略，"同行所为我不为"，以围绕自身核心能力的"同心圆"打造差异化，最终从一家传统的国有制造业企业成功实现了战略转型。

在组织架构上，陕鼓以业务为核心，大力组建事业部制和后台服务体系，重新排兵布阵。有所不为，放弃辅助业务交由外部组织进行专业化协作制造。从2002年开始，16年间，陕鼓车间从原来的11个减少到2个，取消、弱化了设备维修、铸造等18个非核心的业务环节。有所作为，聚焦核心业务，新增并强化研发、服务、工程、智能制造、投融资、系统方案中心、金融方案中心等18个新兴业务部门。在企业内部进行资源整合，将有重叠的业务合并，搭建统一的公共资源服务平台，实现1+1>2的效果等。根据业务发展需要，陕鼓通过持续调整组织架构，一步步契合"两个转变"战略，部门和资源重组为企业聚焦核心提供了保障。

在体制再造上，陕鼓大胆进行制度和人事改革以契合战略，并通过引入战略投资者完成陕鼓动力的上市工作。改制后，77个自然人成为陕鼓动力的股东，使得企业管理层和技术骨干的利益与企业的利益紧密地捆绑在一起；打破行政级别，岗位适应市场变化，实施"归零赛马"机制；所有员工重新竞聘上岗，不同岗位和职责的收入有所不同。

在研发投入上，2011 年之后的五年间，陕鼓研发投入累计超过 20 亿元，研发投入占销售收入的比重超过 8%，在国内外同行中处于领先地位；主导产品六次荣获国家科学技术进步奖，若干节能环保产品获得"中国名牌"称号。

一家地处中国西部内陆的国有企业，一家一直有着不错的销售业绩的国有企业，却持续变革创新，追其根源，这一切与一位具有专长和前瞻眼光的领导者是分不开的，他就是曾任陕鼓集团党委书记、董事长的印建安。

千里之行，始于一人

1982 年，25 岁的印建安从西安交通大学毕业进入陕鼓，从基层做起，先后在设计科、产品试验室、总工程师办公室工作过，之后做了十年的市场营销工作，可谓一步一个脚印。在担任了陕鼓的副总工程师和主管销售的副厂长之后，2001 年 5 月 6 日，44 岁的印建安出任陕鼓集团党委书记、董事长和总经理。

上任伊始，印建安便带领团队开展市场调查和行业研究，了解客户的需求和同行正在开展的业务。当时，陕鼓的三种主导产品有一定的市场占有率和竞争力，但 90% 以上的收入来自单机销售，利润非常薄。印建安意识到所在的行业规模有限，再高的市场占有率也无法支撑企业的持续发展，而且用户更关心整个流程系统的功能能否满足自己的需求。经过调研和思考，印建安认为，企业一定要从以生产者为中心转变到以客户为中心，为此企业需要形成新的心智模式，打造新的能力。因此，印建安提出"两个转变"战略，要"有所不为，有所作为"，要"为用户所需，为同行不为"。与之相匹配，印建安提出在陕鼓内部实施"去行政化""归零赛马"。陕鼓取消或弱化了 18 个非核心业务，"制造端"减少了近 1 400 人，而在"服

务端"和"运营端"则新增并强化 18 项业务,增加员工 2 000 多名。

印建安深知变革的艰难与复杂,所以并没有一上来就全面推动,而是选择局部的"试验田",让员工看到变革的方向和决心。出人意料的是,他选择将陕鼓的子弟学校作为突破口。

当时,职工的孩子在子弟学校接受教育,而子弟学校的教师到外面去做兼职赚钱,不把心思放在教学上,出现不执行教学计划、上课时间打扑克让学生自习等情况。子弟学校既与员工利益休戚相关,又不是陕鼓直接的业务部门,非常适合作为试验田。印建安要求子弟学校公开招聘校长,学校请外部专家对应聘人员进行素质测评,择优聘任。新校长上任半年之后,印建安收到来自老员工的告状材料,历数新校长的多条"罪状",最后一页竟然有学校全体教职员工的签名。印建安深知,从外面选拔新校长,学校内部很多人都不满,于是借新校长开除某位教员之机,煽动教职员工,要求解雇新校长。材料上列举的其实并非实质性问题,有些甚至是无中生有。印建安不仅批驳了这种在背后反对改革的方式,还解除了相关领导的职务。这件事让陕鼓的人意识到印建安做事雷厉风行,处理人毫不手软。有人用"子系中山狼,得权便猖狂"表达对他硬朗作风的不满。

无论阻力多大,改革仍旧一步步向前推进。针对陕鼓内部的改革,印建安选择了从财务系统开始。过去,由于财务管理不善,缺少现金流,陕鼓只能定期向银行贷款,否则就无法正常运营。此外,财务管理渗透陕鼓经营活动的全过程,对于其经营非常重要,因此,自成为董事长的第一天起,印建安就希望解决陕鼓财务管理和现金流的问题。当时的财务总监是在营销体系里与印建安搭档了将近十年的伙伴,但他却不同意进行财务变革,认为陕鼓的基础条件太差,不能急于做改变,而且调研发现陕鼓的现金流其实比很多企业都好。于是,印建安说服当地大学的一位会计学教授担任陕鼓新的财务总监,帮助陕鼓进行财务改革,建立一套财务管理体系。首先，从财务体制、机制、制度、人员入手进行改革，建立了一套规范的财务制度，要求财务线的所有人员通过考核重新竞聘上岗等，使得陕鼓的财务部门在预算、费用管理、岗位职责、业务建设等方面逐步得到规范。其次，结合陕鼓的经营管理，对金融资源进行统筹规划管理，大幅增加陕鼓的现金，解决了现金流的问题，如今陕鼓的现金流已达到80亿～90亿元左右，陕鼓不用再求银行发放贷款，还通过银企合作开创了融资销售服务模式。最后，搭建与产业配套的财务组织体系，重新培养了一支专业的金融财务管理队伍等。

印建安上任之后一年多的时间，基本理顺了陕鼓内部的体系。上任后的四年，员工人数逐渐减少，装备没有大的变化，整体工作量逐年增加，但陕鼓的主要经济指标年均增长率均超过70%，销售收入、利税、利润的累计值均达到历史最高。变革不仅为陕鼓的发展打下了坚实的基础，而且极大地提升了员工的凝聚力，增强了员工的信心。此后，即便外部发生市场波动和政策变化，陕鼓内部一直非常稳定。

外讲智慧，内塑文化

即便领导者有变革的理念，也制定了可行的战略，依然仅仅是完成战略的构想而已，能否落地，还要看执行。然而，一旦员工不相信领导真的会推动变革，就不会响应企业的号召，最终变革雷声大、雨点小，时间久了，领导团队也身心俱疲，变革就会不了了之。

在印建安看来，上级主管领导是国有企业做成事情的重要资源，改革必须获得上级领导的理解和支持，印建安甚至开玩笑说"领导就是生产力"。管理者要对本企业的真实情况有深入的了解，并让上级主管领导知道真实的情况。上级主管领导当然都希望其所分管的企业有更好的发展，企业的负责人基于企业发展而非个人目的向上级领导如实反映情况，就很有可能获得领导的支持。印建安在接待上级主管领导到陕鼓调研访问之前，一定会了解领导具体分管哪方面的工作、对哪些问题感兴趣、此次调研的目的是什么，从而进行有针对性的汇报，并且用领导听得明白的话汇报。

早在20世纪90年代中期担任负责市场营销的副厂长时，印建安就曾大胆提出根据销售额给销售人员奖励，以便更好地激励销售人员努力工作。这一方案在陕鼓内部经过多次讨论最终获得通过。那一年，国内机械工业销售大幅下滑，陕西省机械工业厅召开会议组织研讨营销策略，印建安代表陕鼓介绍本企业的营销奖励政策，主管领导听完后立即意识到这项政策的重要性和有效性，后来就以陕西省机械工业厅的名义下发激励营销人员的管理办法。尽管这份文件来自陕鼓的经验，但印建安向陕鼓的管理层建议，将陕鼓先前出台的政策文件撤回来重新修订，表明陕鼓是根据上级单位出台的销售管理办法制定自己的奖励办法的。这件事情体现出印建安的政治智慧，将本企业切实可行的措施报告给上级，得到上级的认可和支持后全面推广开来，再借助上级发布的政策性指令在企业内部推行。这样一来，借助上级力量发起的变革势能，会大大减少国有企业变革的内外阻力。

当然，获得上级认可和支持的前提是印建安对于企业问题的精准判断以及敢于向上级主管领导报告企业面临的困难。在一次由政府主管部门组织召开的会议上，印建安没有在会上宣读事先提交的稿子，而是询问能否提出具体的问题供领导研讨。获得领导首肯之后，他提出了目前国有企业的用人体制存在的问题。当时社会上一般的观点认为，国有企业员工的收入低于社会平均水平，而他则认为国有企业一般员工的收入高于社会平均水平，因为不少人不需要做事情却照样可以获得薪酬，相比民营企业而言，这类员工获得的报酬是高的；相反，那些通过实干为企业做出贡献的员工,却无法获得合理的报酬,他们的薪酬待遇则的确低于社会平均水平。印建安指出,在这种体制下,优秀的人才一定会离开,劣币驱逐良币,企业剩下大量不做事的人,最终会将国有企业拖死。他指出,国有企业需要按照市场化的方式选人和用人,将人才的贡献与其待遇挂钩。他的观点获得领导的认同,在接下来的人事改革中自然又减少了很多阻力。

国有企业变革的第二个重要方面,是文化变革。印建安将重塑企业文化作为变革的重要一环。印建安对"文化"有独到的理解,他认为:企业有很多制度、说法和认识,以及用于指导员工行为的各种潜在规则,把这些明确地告诉大家,就是"文";而把这些规则、认识像春风化雨一样转化为员工的行为和企业的行为,就是"化"。

在企业内部培育新的文化,改变整个管理团队和员工的观念,是决定企业的变革能否成功的根本要素。印建安说:"转型就是要脱胎换骨,换个活法。最大的困难就是管理者和员工思想观念的转变,这种转变往往是最残酷的。"他曾形象地比喻,偏居于临潼代王地区的陕鼓是一支"流着鼻涕的农民部队",必须意识到自身存在的弱点,才能通过学习提升自己的整体素质。他认为陕鼓原来是一个靠拼体力赚钱生存的"民工",现在需要变成一个"包工头",从为市场提供单一产品向提供系统解决方案及服务转变。但是,"包工头"必须要有前瞻的视野,能够及时发现市场上的机会,也要有相应的知识技能和组织能力,这样才能形成解决问题的方案,此外还需要具备相应的管理能力,如此才能满足客户的需求。为了适应企业的发展,印建安在陕鼓实行了新的人事制度,最终,在陕鼓形成了一种文化,那就是自己淘汰自己,自己提拔自己,自己重用自己。

刚任董事长时,印建安决定改造环境非常糟糕的陕鼓家属区。尽管大家猜忌有人又要通过做工程从中牟利,甚至辱骂负责改造工程的女干部,但印建安鼓励她坚持做事。半年以后,家属区的面貌焕然一新,员工们在优美的环境中生活再也没有怨言(如图 7.1、图 7.2 所示)。在工作厂区,陕鼓要求员工用自身的文明言行体现企业的文化和素质。陕鼓厂区、社区内有规范的交通线和斑马线(如图 7.3 所示),机动车辆顺着行车道进出厂区,员工在人行道上行走,这一规定必须遵守。刚出台走人行道的规定时,部分员工不以为然,认为"法不责众",但严格执行一段时间后,员工养成了走人行道的习惯,即使在没有人监督的夜晚,在陕鼓厂区和社区

图 7.1 陕鼓家属区生态园

图 7.2 改造前后的陕鼓家属区的某栋楼

图 7.3 陕鼓厂区主马路的变化

内,人们也会在人行道上行走。印建安还在陕鼓推行"真懂,真信,真做"的诚信文化。每个人在讨论事情时,一定要做到"自己真的明白,自己真的相信,以及自己真的会做"。每个员工说自己所懂的,说自己所信的,做自己所说的。

在客户服务理念上,印建安意识到,陕鼓同大多数中国制造业企业一样,只关注自己的产品,而没有真正关注客户的痛点,帮助客户解决问题。1984年,印建安在浙江大学读研究生,导师的研究领域是离心风机内流理论,他们用内流理论设计出来的风机的效率达到91%,可是制造商制造出的风机的效率只有80%左右,而客户使用这种风机的平均效率还不到50%。从那时起他就意识到,设计者和制造商往往只研究自己的问题、关心自己的事情,根本不关心用户的痛点到底是什么。

20世纪90年代初,印建安任总工程师办公室主任时,某客户找到他。原来,客户委托陕鼓的竞争对手做项目,但竞争对手却做不了控制系统,于是该客户只好请陕鼓为他们做控制系统。虽然接受这个订单可以为陕鼓带来一笔可观的收入,但陕鼓管理层不少人却反对替竞争对手做"嫁衣"。印建安思考后决定接受这个订单。后来,客户非常认可陕鼓的技术和服务,此后上马新的系统服务项目时,将主机设备外加系统的订单都交给了陕鼓。这件事情让印建安意识到,企业要以市场为主导,从帮助客户解决问题中产生价值，这样自然就能获得利润。担任董事长之后，印建安强调陕鼓要改变单一服务者的观念和身份，大力推进工程成套，发展服务型制造。他要求陕鼓站在客户的角度，通过交钥匙工程，解决风机整个系统甚至整个流程的问题，尽可能地满足客户的需求。

尽管如此，习惯于只做好自己产品的陕鼓人，并不理解印建安的理念。员工的顾虑不是没有道理，一是陕鼓缺乏工程方面的人才和经验，存在很大的风险；二是过去在机组的安装调试和售后服务中遇到配套设备存在问题时，协调配套厂家进行维修非常困难，业务一旦扩大到自身不擅长和不熟悉的领域，现场施工和服务的难度会更大。2002年3月，陕鼓与宝钢集团上海第一钢铁有限公司签订了2 500平方米高炉煤气余压发电装置（TRT）工程项目合同，该项目成为陕鼓的首套工程总承包项目。经过工程项目指挥部的组织和现场施工人员的努力，2003年4月8日，整个工程比合同提前40天完成，实现了并网发电。

针对这个项目的成功，印建安请新来的财务总监利用自己的专长在内部报纸《陕鼓人报》上发表专业性的文章，以期影响陕鼓管理层的理念。他让财务总监做了一个全面的财务分析：以给宝钢做成套项目为例，如果陕鼓只提供主机设备，一台价值600多万元，需要1 000多名工人耗时一年多的时间才能完成，最终产生的利润只有100万元左右而已；而如果除了卖主机，陕鼓还为宝钢提供整个工程的设备、厂房及外围设施建设的配套服务，则能够将订单扩大到3 000多万元：进行工程总承包，项目经理带两个技术人员、两个工程管理人员就完成了，陕鼓承担其中价值600万元的主机的生产，其他2 400万元由陕鼓团队组织设计和管理，最后的效益是生产主机的1 000多人产生效益的若干倍。由于提前完成任务，宝钢项目提前投用，缩短了工期，减少了投资，产生了很大的效益，宝钢又奖励陕鼓200多万元。

宝钢项目让陕鼓人有了信心，陕鼓实现了从"民工"身份向"包工头"身份的转变，实现了"以产品为中心"向"以用户为中心"的转变。从此，陕鼓的关注点由关注企业能生产什么转变为关注用户需要什么，快速扩大了企业的边界，增强了满足用户需求的能力。

制度是执行的第一保障

为了确保执行，建立合理、公平、公正和能够落实到位的人事制度是根本的根本，有了这样的人事制度，才能确保选拔到对的人，由对的人做对的事，因此，这个人事制度的核心就是让员工参与干部选拔。有了子弟学校试验田和财务线改革的基础，陕鼓开始业务整合之后，打破了行政级别，所有部门的员工都要通过竞聘才能上岗，岗位不同，责任不同，收入也不同。所有职位向所有人公开，任何人都可以参与竞选，通过多轮竞争获得员工支持的人才最终当选。按照陕鼓的竞聘制度，董事长享有加分的特权，其加分在很大程度上可以决定哪位候选人能够当选。然而，印建安从来都没有使用过这项特权。他说，"群众的眼睛是雪亮的"，最终竞聘的结果和他预想的结果每次都基本一致。

这种竞聘机制虽然激活了大部分员工，但总会有少数人无法被激活，进而有意抵制变革。针对这样的人，印建安的做法就是不断强调员工要自我变化、自我提升。某位总经理助理分管三个业务部门，而陕鼓为了适应变化的市场，将三个部门合并组建成一个新的实体。这位总经理助理竞聘新实体的总经理，但没有竞聘上，自己原来的下属反倒竞聘成为总经理。他问印建安如何安排自己的工作，印建安说，你有四次机会：参与总经理的竞聘，如果失败可以竞聘副总经理，如果仍然失败可以竞聘部门经理，再失败还可以竞聘新实体的员工。如果四次都竞聘不上，只能承认是自己的能力不足。还有一位处长参加竞聘时，二十多个职工代表没有一个人投票给他，他只能接受这个结果，后来也逐渐想明白了。印建安成为董事长之后，采取公平透明的竞聘制度，很多干部的职位都发生了变化，但没有人去找他"评理"。

印建安一方面力推人事改革，另一方面妥善安排曾有历史贡献但被淘汰的员工，让他们也能分享到企业快速发展带来的福利。陕鼓业务增长迅速的那段时间，员工收入增长较快，管理层觉得应该将工资增长的节奏调下来，于是将业绩增长带来的部分收益留了下来，用这笔钱建立了"陕鼓情基金"，作为员工的福利救助基金。后来陕鼓又成立了陕鼓情互助会，员工自愿缴纳少量的会费即可加入。工会救助办专门通过"陕鼓情基金"满足员工尤其是困难员工的诉求。陕鼓为员工设立了九重保障体系，包括基本医疗保险、各类补充商业保险和"陕鼓情基金"。九重保障体系为普惠制，在此基础上，向骨干员工和特困员工倾斜。如今，陕鼓的普通员工生重病，其救助体系都会帮助员工联系医院、安排车辆接送，也承担了社保以外住院的大部分费用，大大减轻了员工的负担。这些做法体现了陕鼓"共创共享"的理念。改革促进了陕鼓的发展，也让员工过上了幸福美好的生活，享受到了获得感。这种富有人情味的做法进一步减少了陕鼓变革的阻力。

"天晴修屋顶"，主动选择"两个转变"

印建安接手陕鼓董事长工作以后的几年，整个中国工业和陕鼓都处于高速增长的阶段。即便如此，2005年年初，通过对过去四年陕鼓发展实践和取得的成绩进行的分析，印建安明确提出了"两个转变"的发展战略，即从单一产品制造商向能量转换领域系统解决方案商和系统服务商转变；

第七章
陕鼓：推动智慧能源

从产品经营向品牌经营、资本经营转变。"两个转变"战略的提出，标志着陕鼓的转型告别了"摸着石头过河"的探索，加快了企业转型升级的步伐。所谓战略，就是选择，更多地意味着懂得取舍；以此战略为基石，陕鼓开始放弃制造业中一般加工等价值链低端环节，将重心转移到高端的价值链能力建设上。

这一战略，在当时看来可谓"大可不必"。那个时候，陕鼓的业务蓬勃发展，红红火火。由于客户对设备的需求旺盛，陕鼓的产品供不应求，一些客户甚至通过陕西省委书记和西安市市长打电话，催促陕鼓优先供货或提前交货。一些客户到陕鼓催货，看到设备正在运转，加工的零件不是他们的，干脆就坐到车床上，要求陕鼓换上他们的零件进行加工，否则就不下来。

印建安理性地判断，这种高速增长的周期很快就会过去；而当时中国的很多学者和官员都认为，中国装备制造业高速增长的周期会持续很长时间。印建安为什么有不同于主流的判断呢？

印建安在一次访美期间参观了芝加哥附近的一个工业区，那里死气沉沉地，设备都废弃了，因为美国国内需求饱和，制造业转移了。印建安担任董事长之后，去同行的几家企业考察，这使他对于行业的发展现状有了更多的认识。那时，几乎所有国内装备制造业厂家都信心满满、豪情万丈，动辄投资几十亿元上马大项目。印建安召集陕西省装备制造业的负责人开会，提议进行分工和协同，每家企业只聚焦在自己最强和最擅长的业务上，将其他不擅长的业务让别人去做。但没有人愿意接受这个提议，每家企业都觉得自己可以干所有的事情，怎么可能给别人干呢？既然无法说服别人，印建安在陕鼓内部提出，陕鼓绝不能像别的厂家那样上太多装备。他问了大家一个问题："节假日如果自驾出游，你最不应该选择的是哪条路？"答案是高速路。为什么？因为所有人都有习惯性思维，认为高速路

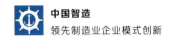

宽、路况好、节假日不收费，结果都走高速路，造成交通堵塞，高速路反而不如普通道路畅通；产业同行也一样，大家的思维模式是一致的，导致行为模式也趋于一致，这也是中国出现产能过剩的重要原因，陕鼓要坚持"节假日绝不上高速"的理念，众争莫往。

两个转变的核心就是关心客户需求、与同行实现差异化，从以产品为核心的运营模式转变为"市场+技术+管理"的运营模式。可以说，陕鼓是中国最早实施服务型制造的大型制造业企业。渐渐地，陕鼓就探索出一个全新的水到渠成的产业链战略——"同心圆"。

核心之源"同心圆"

在业务模式上，陕鼓提出"同心圆放大"的理念，即围绕核心制造能力外扩产业链。早在1999年，任陕鼓主管营销的副厂长的印建安在北京出差期间就从一家IT公司了解到，IBM当时正在研究如何通过计算机系统进行远程监控，他立即联想到，陕鼓每一台机器里都有相应的信号系统，借助日益发达的互联网，陕鼓完全可以对信号进行进一步的整理、打包、回传。担任董事长之后，印建安领导下的陕鼓从2001年开始全面启动对远程在线监测系统的研发，并于2003年投入使用。这在当时开了业界先河：通过互联网将大型机组的运行技术数据回传到陕鼓旋转机械远程在线监测及故障诊断中心，陕鼓全天24小时为用户提供在线技术支持和故障分析诊断，在不需要停机的情况下，为用户量身定制检修计划和方案，并提供更换备件的建议。这就大大降低了用户检修设备的成本，更好地保证了机组的安全运行。陕鼓通过远程在线监测及故障诊断系统帮助用户实时监测设备的运行状况，不仅可以实现"备件零库存"，还可以及时获取用户设备运行的一手信息；不仅能为用户提供准确的维修改造和备品备件需求信息,还能快速响应其需求。该系统的使用大大加强了陕鼓与用户之间的信息交流,也赢得了用户进一步的信任。2006年,陕鼓旋转机械远程在线监测及故障诊断中心挂牌成立(见图7.4)。

图7.4 陕鼓旋转机械远程在线监测及故障诊断中心挂牌成立

陕鼓推出"透平设备全生命周期系统服务",解决大型动力装备全生命周期的健康管理问题,为客户提供全托式保运、再制造、检修维修、专用润滑油以及合同能源管理等服务。陕鼓建立全生命周期系统的研发思路,居然来自印建安与301医院健康管理中心一位专家的交流。在交谈中,印建安发现高端人群的健康管理与关键设备和高端设备的保修及管理,在方法、途径甚至技术方案的底层设计上都有相通的地方。于是,印建安意识到,能量转换设备全生命周期的健康管理服务是未来制造业的一个重要增长点。

发表在2013年10月26日《第一财经日报》上的文章《陕鼓动力转型初见成效 未来服务和运营收入或占60%以上》,清晰地表达了印建安变革陕鼓的理念:

就像一个人的身体一样，我们想做的不是头痛医头、脚痛医脚，而是建立整体的健康管理体系。我们卖出去的产品，我们会跟踪服务解决客户使用中遇到的问题，另一方面，我们会和客户一起诊断，如果问题是从生产时就埋下的"基因问题"，我们就要从根源上解决它。就像冶金行业的设备销售，这块业务会萎缩得很严重，但是冶金行业的服务收入并不会萎缩，因为只要有存量设备，就需要服务。

"同心圆"理念给出了明确的增长之道：紧密围绕核心业务，不断垂直拓展业务半径。在业务半径垂直拓展到一定范围后，自2015年开始，陕鼓不再满足于关注客户的当下需求，而是挖掘客户的潜在需求，并关注客户的未来需求；从关注同行在做什么延伸到关注其他行业的人在做什么上。

从2015年开始，陕鼓再次调整战略，横向拓展"同心圆"：从原来以产品设备为核心，到聚焦分布式能源，以此为圆心提供设备、服务、工程总承包、金融、运营等服务（如图7.5所示）。陕鼓开展工程总承包+金融服务，组建了陕鼓工程公司、工程设计研究院，支持工程总承包服务。陕鼓与金融机构合作，对产业资源与金融资源进行整合，为客户提供创新性融资服务，为金融机构找到好的项目、降低投资风险，又帮助资金不足但发展前景良好的客户解决了资金不足的问题。这种模式使陕鼓、金融企业和客户企业实现了共赢。

陕鼓还将业务扩展到能源基础设施的运营上。用印建安的话来说，就是带领企业牵着"奶牛"卖"牛奶"。陕鼓原来只卖设备，就像卖奶牛，客户把奶牛牵走后，买卖就结束了。但后来，卖"牛奶"的人不再养"奶牛"了，客户的需求出现了变化，陕鼓要采用新的服务模式满足客户的需求，为客户提供从机组系统到工艺流程装置的单元工程的系统解决方案，并以工程总承包模式为客户提供交钥匙工程。陕鼓成为行业内最早开展系统技术与成套技术研究及应用的企业。

第七章
陕鼓：推动智慧能源

图 7.5　陕鼓分布式能源智能综合利用示范项目揭牌仪式

凭借"两个转变"和"同心圆"这一与时俱进的前瞻性战略视野再加上匹配的文化和强有力的执行，印建安领导下的陕鼓连续 11 年被评为"中国工业行业排头兵企业"，并获得"中国工业大奖""全国五一劳动奖状""全国创建和谐劳动关系模范企业""全国质量奖""国家技术创新示范企业""全国企业文化示范基地""全国工业企业品牌示范基地""最具责任感企业"等百余项荣誉。

2017 年（印建安退休那一年），陕鼓销售额同比增长 65.21%，其中海外销售额同比增长 76.67%，均创历史新高，部分主要经营指标已经接近或超过国际先进企业。2001—2017 年的 17 年间，陕鼓总资产增长了 189 亿元，净资产增长了 86 亿元。

转型中的一个缩影：陕鼓服务产业部

2003—2013 年，伴随着陕鼓由为客户提供产品的制造商转变为提供全方位系统解决方案的服务商，其设备处也从为本厂机器设备提供维修、检修服务蜕变为一支提供安装检修、升级改造等服务的专业服务力量。十年间，设备处先后成为维修中心、产品服务中心，最终成为服务产业部，亲历了陕鼓的转型蜕变。由陕鼓服务产业部的变革历程可以管窥整个陕鼓的战略转型。

陕鼓老设备处的员工过去都是身背工具挎包，在各车间维修、检修机床，其设备维修能力在西北首屈一指，不少外单位的人也经常将自己的设备交给陕鼓设备处来维修，这些都令设备处的员工颇感自豪。然而，随着设备的更新换代，陕鼓的设备种类越来越多，不仅有车、铣、刨、磨、镗等机加设备，超转、动平衡等专配设备，还有起重设备、热处理设备等，设备处越来越难以承担全面维修的工作。此外，随着智能时代的到来，设备的自动化程度不断提高，数控设备逐年增加，新设备对于维修人员专业技能的要求也越来越高。面对设备的变化，设备处的员工逐渐感到力不从心，维修技术渐渐跟不上设备的更新步伐。尤其自2002年开始，随着"两个转变"战略的实施，陕鼓的业务不断发展，大型化、智能化的机床设备不断增多，加工能力大大提高，高精尖的设备维修更加成为难题；同时，在"有所不为"思想的指引下，陕鼓放弃辅助业务，将其交由外部组织进行专业化协作制造，低附加值机加设备逐渐减少。于是，陕鼓决定将本公司的机床维修业务外包，已有的设备维修人员转型从事本公司出产产品的检修服务业务。为了使员工接受并适应这种变化，印建安利用各种机会向员工阐明放弃及转型的重要意义，并让相关部门对员工进行宣传引导，员工逐渐认可和理解了"两个转变"的战略，并接受了公司的安排。

值得一提的是，陕鼓对于设备处的员工转型及业务外包，采取了分步实施的方式。2003年，陕鼓先是将设备处更名为维修中心，然后在原有设备维修业务的基础上增加了风机维修业务，并对这两项业务进行了分工，选拔了20多位学习能力和适应性强的员工组成风机大修班，尝试风机总装、三包及部分产品修复任务；其他员工则继续从事原来的机床维修业务，同时协助即将接手维修业务外包的企业熟悉业务。风机大修班里的员工之前都没有接触过风机维修业务，为了培养他们的风机维修技术能力，陕鼓招聘了一名技术副主任指导大家进行风机装配与检修，并专门分配了计算机用于风机维修业务。

维修中心承揽的首台风机维修任务是柳钢和华盛江泉从德国进口的轴流风机。面对陕鼓从未生产过的进口风机设备，原来维修机床的员工不知道从何处下手。陕鼓的总工程师和负责的总经理助理组织召开专题研讨会，聘请风机专家到现场结合实物详细介绍风机结构、装配、检修等方面的知识，并编写维修方案。在大量查阅专业期刊、搜集相关资料并调研同类型产品的基础上，维修人员拆开风机进行手工检查测绘，摸索出一套维修方案，最终成功地完成了维修任务并安装调试成功。首次成功维修让新建的队伍有了信心，此后他们又先后承揽完成了一系列风机的维修任务，其中很多产品都是陕鼓从未生产过的。

随着维修中心安装检修能力的不断增强，整体转型的条件逐渐成熟。2006年年初，陕鼓将维修中心、安装经理部、自动化服务室、远程在线室合并，成立产品服务中心，将原来的机床维修业务全面外包，集中精力开拓风机服务市场。这次机构重组极大地提升了产品服务中心的技术能力，除了承担风机维修业务，还新增了各类风机的安装调试以及远程在线监测业务。此后，陕鼓又将原备件销售业务调整到产品服务中心，成立了服务销售室。至此，陕鼓形成了自己的风机服务模式。

在后续的维修业务中，首批从事风机大修业务的人员已经积累了丰富的经验，他们带领其他同事边学边干，部门也提供各种学习和培训机会，通过安排员工参加公司举办的风机知识培训、每周组织员工到总装车间现场培训等，逐步培养了一批风机专业维修安装人才，不少员工能够做到独当一面。同时，部门实施服务项目经理评聘制度，为员工提供发展的平台和成长的通道。

2010 年，为了使服务产业更加专业化、精细化，陕鼓又对原产品服务中心的售后服务及自动化业务进行拆分，成立服务产业部、售后服务部及自动化工程部。服务产业部负责陕鼓服务经济业务中各类透平设备的安装调试、维修检测、升级改造以及备品备件和节能改造等业务的管理与执行；售后服务部主要负责陕鼓出厂产品的售后服务及三包业务；自动化工程部主要承担与服务业务有关的电自控服务及项目执行业务，为服务产业部及售后服务部提供支持。

2011 年，借助国家大力推动节能减排项目的契机，服务产业部成立了西安陕鼓节能服务科技有限公司，推行合同能源管理模式，负责节能项目的诊断评估、能效分析、设计、改造、运营、服务，以及能量转换系统及节能环保工程设计业务，并开始推行专业维保服务业务，为陕鼓的服务经济开拓了新模式。2012 年，其又在下属的气体公司实施气体保运项目。截至目前，服务产业部的服务项目已达 18 项，经济效益逐年提高。

服务产业部十年的变革是整个陕鼓转型的缩影，随着企业和部门的转型发展，员工的价值也得以体现。陕鼓在推进"两个转变"战略的过程中，按照"有所不为，有所作为"的思想指引，通过放弃和聚焦使企业及员工实现了双赢：将机床维修业务外包，选择更专业的人来做专业的事，保证了设备的运转，降低了运行成本，提高了生产效率；将原设备处人员转岗为风机维修人员，抓住了高价值的集聚点，使部门从成本中心变成了利润中心。在变革的过程中，员工的待遇水平和技能水平都得到了提升。

第七章
陕鼓：推动智慧能源

放大"同心圆"，拓展赛道

"两个转变"战略和"同心圆"思维，让陕鼓放弃低端制造，迈向高端制造和服务，实现了快速发展。面对市场的变化，陕鼓要想走得更远，就必须持续做到"有所不为，有所作为"。自 2011 年起，印建安开始思考陕鼓如何避免受到行业和经济波动带来的冲击与影响，提出了"转型换跑道"的发展思路，加速新兴业务的拓展和布局。陕鼓陆续进行了汽轮机、工程成套、服务经济、自动化、物流、煤化工、金融服务、污水处理、气体运营等业务的开拓，形成了能量转换设备制造、工业服务和基础设施运营三大业务板块，将"两个转变"战略落实到了具体业务层面。陕鼓的自动化、工程总包、融资服务、服务经济等业务在市场上已具有较强的竞争优势，真正摒弃了传统制造业的发展模式。

2012 年开始的铆焊资源流程再造让陕鼓人又一次对"两个转变"战略和"同心圆"思维产生了深刻的理解。陕鼓成立的专门工作小组调研发现，国外著名透平企业对非核心的制造环节，包括非核心的铆焊件制造，均放弃自制，选择外包。例如，意大利新比隆公司（隶属于通用电气公司）的机壳类焊接工序由位于另一个城市的专业事业部完成，德国曼（MAN）透平公司也没有机壳类的焊接、加工工序，该工序交由在意大利的一家参股公司完成。这些都表明，铆焊资源整合势在必行。此次铆焊资源流程再造涉及陕鼓动力、陕鼓通风、陕鼓西锅等子公司，调整范围大，涉及人员多，整合、再造也必然带来岗位、人员的调整及团队的变化。印建安在集团铆焊资源流程再造专题会上强调，要确保员工的利益得到切实的保障，保证人员分流政策透明、公开、公正。

战略落地，文化先行。为了制定出有利于企业和员工利益的调整方案，各项目组成员入住代王厂区三个多月，深入车间现场，调研铆焊工作实际情况，宣讲战略调整的意义，制订流程整合的切实方案。为了使员工积极地支持流程再造，集团品牌文化部牵头，工会、人力资源部等利用各种渠道广泛宣传。党政工团深入基层了解员工诉求，并最大限度地保证员工在分流转岗中的利益。此外，人力资源部牵头制定了相应的政策，优先满足集团铆焊资源整合后的业务需求，将竞聘与组织安排相结合，不让一个员工因业务流程再造而下岗。由于这些措施保障了员工利益，流程再造得以顺利推进。通过此次流程再造，陕鼓放弃了低端制造业务，集中资源发展高端业务，提高了集团的整体盈利能力。

在此次调整过程中，通过相关业务的变化，各子公司也在不同方面实现了利益最大化。陕鼓动力实现了轻资产运营，提高了投资效益；陕鼓通风提高了叶轮及大型烧结鼓风机的生产制造能力；陕鼓西锅既通过人才分流获得了所需的人才，也获得了稳定的铆焊件加工业务。铆焊资源的流程再造产生了 1+1>2 的效果。

变革再一次带来了企业和员工的双赢：企业按照"有所不为，有所作为"的思想指引，不断推进"两个转变"战略。员工在不断变革的过程中逐渐对企业的战略有了更深刻的理解，从而配合企业的战略部署。他们体会到，只有企业得到了发展，个人的舞台才能更大。

通过坚持变革、持续变革、深入变革，陕鼓步入了高效、快速发展的轨道。从一些数据可以看出陕鼓的变化：2005—2015 年间，陕鼓从装备制造企业转换为集成商和服务商，并在实现产品升级换代的同时，瞄准客户的需求和市场方向调整业务，拓宽产业领域，最终形成能量转换装备制造、工业服务、能源基础设施运营等三大业务板块。陕鼓的业务结构也进行了重大调整，2001 年以前的收入基本上来自制造，到 2015 年陕鼓的服务和运营收入占比超过 61%。2009—2017 年间，陕鼓的服务业务年均增长率达到

27.67%。此外，陕鼓固定资产的比重在持续下降，从 2006 年与国内外同行基本一致，到 2009 年在同行中最低，实现轻资产运营。2018 年，陕鼓的产值约占风机行业的 13%，而利润约占风机行业的 25%。

结语：成功变革的要因

陕鼓成功实现了"转变增长的方式""突破行业的边界"和"提升组合资源的能力"。一家处于西部地区的传统国有企业，为什么能够做到不断调整，适应环境，获得持续发展？

首先，能顺势而为，持续把握红利，需要一个既能折腾又不折腾的企业掌门人。

陕鼓所经历的变革期，正是中国改革开放最深入的时期，体制和基础设施逐步健全，国民经济进入最快速发展期，呼唤经济结构的日趋合理，在此期间看准大势、持续变革的企业，都将享受到改革开放的巨大红利。印建安带领的陕鼓抓住了这一时期的发展红利。

当然，良好的外部环境和发展机遇也意味着机会与诱惑很多，企业最终能否获得竞争优势和实现可持续发展，取决于领导者是否具有战略定力。一方面，企业领导者要能折腾，这要求其必须有足够的专长，且经历过市场的历练，具有广阔的行业视野和深入的市场洞察，能够随宏观经济、行业状况以及客户需求的变化而动态调整企业。另一方面，企业领导者轻易不折腾，就是一旦看准大方向就坚定不移地推行，克服各种困难，不达目的誓不罢休。优秀的企业领导者既能持续坚持正确的方向，又能不断激发组织的活力。

印建安在学科背景上自然是术业有专攻，同时他也是一个非常善于学习、思考、总结和归纳的人。他在高考复习时，遇到了一位 1970 年毕业的大学生，总结自己当年是如何学习的。印建安采纳他的学习方法，最终考出了好成绩。自那以后，做任何事情，他都非常讲究方法，特别强调自我学习、向高手学习。印建安讲了一件令人印象深刻的事情。陕鼓的首席技术专家把握不准风机设计中的两个参数，便向应邀来陕鼓交流的西门子退休专家请教。对方在黑板上写了一个公式，让他回去试试。他回去后对设计过的产品一一进行验证，发现凡是出现问题的都与公式不符，凡是设计成功的都与公式相符，于是慨叹老外的公式太神了。外国专家则说他们干了近两百年，早就经历过陕鼓专家提及的问题。中国虽拥有悠久的农业文化，但企业对于工业文化和市场经济知道得却太少。正因为如此，处于制造业行业的印建安，一直带领企业认真地向发达国家的同行学习。

其次，战略形成之后，其落地和执行需要组织及文化的支撑。

作为专家型的领导者，印建安具有战略和组织管理的素养，能够通过分析行业状况、竞争对手、客户等的特性，确定企业的战略定位，并随后打造相应的组织能力，再通过资源配置和有效的管理系统确保战略落地。

在印建安看来，陕鼓成功的一个重要经验就是客户导向这一全新组织文化的确立。当供不应求时，绝大多数企业还是以产品为中心、以自我为中心，意识不到企业对客户是否有价值才是最关键的，向客户炫耀技术没有意义，哪怕得了十个国家科学技术进步奖，客户没有感受到价值也是毫无意义的。为此，要扭转全员思路。全面的战略转型意味着首先是全面的心智转型，进而是组织转型。陕鼓的实践给出了答案：确立企业与员工共同的使命，打造适应变革和创新的企业文化，让员工与企业形成共同体，调动全体员工参与创新；同时，在机制上，让管理层及骨干员工持有企业股份；为骨干员工搭建职业生涯发展平台，实施职业发展双通道；为优秀员工创造良好的工作、生活条件。陕鼓还建立了全员普惠体系：建立员工业绩档案，启动企业年金，成立陕鼓情互助会，提供商业保险，构建员工健康管理及紧急救助体系，实施员工辅助发展计划等，确保企业与员工共享企业发展带来的收益。

企业的持续发展离不开创新，印建安带领下的陕鼓注重打造创新的企业文化。为调动全体员工参与创新，陕鼓定期召开职工创新博览会，开办创新大讲堂。为了激发员工在本职工作上的创新思维，改进企业内部流程和管理，陕鼓斥资 2 000 万元奖励员工们的智慧和贡献，还搭建创新建议、创新成果、职工创新工作坊、创新爱好者俱乐部等平台，定时召开表彰会、交流会等，分享优秀创新者的经验。陕鼓还为企业内部的创新达人、创新新星开设创新工作室，以创新领军人物的名字为工作室命名，同时开展标杆工作室评选活动。

最后，企业变革的成功取决于领导者的理念和价值观。

印建安作为陕鼓的一把手，时常从被管理者的角度思考工作中可能存在的问题，以及应该做哪些改变和改进。他意识到自己作为董事长，很容易失去理智和客观的判断力，而决策者的自满和膨胀往往是企业衰败的重要原因。印建安认为，做企业需要"心怀梦想，心存敬畏，心无旁骛，心系员工"，为此，领导者不能只考虑自身的追求，而应坚持"使命是天、员工是天"的理念。这种理念的背后是企业家的身份认同，以做好企业为荣，专注地做企业家该做的事情。

印建安提出了很多先进的理念，并且都成功实施了。其实，中国的很多国有企业都具有人才、技术和资金上的优势，完全具备创新的能力，但为什么很多企业并没有做到呢？关键在于，企业领导者在技术及管理上下的功夫不够。不少人觉得企业并不是自己的，更多地思考怎么能够将企业变成自己的。一些人的确成功了，但是由于没有将精力和才华用于专业领域，最终虽获得了较多的个人利益，企业却没有多少技术积累。这就涉及企业家的价值导向了。

我曾问印建安这样一个问题："回过头来看，如果再让你选一次，明明知道有两条路，一是自己出来为自己做事，二是走你在陕鼓走过的这条路，你会选哪一条？"他明确地回答："我肯定还是会选我在陕鼓走的这条路。"他觉得自己在陕鼓担任了十几年的董事长，陕西省和西安市允许他获取合理的收入，让他有了基本的保障，他本人则更多地体会到为企业员工和社会做出贡献而产生的获得感及幸福感。

参考文献

崔焕平，2009. 陕鼓，一家传统制造商的服务转型［J］. 北大商业评论，4：34-40.

高向阳，胡莹利，2013. 重温发展，感恩变革：服务产业部发展变革历程［Z］//感恩变革中的陕鼓人，陕西鼓风机（集团）有限公司内部出版物.

李晓佳，2019. 印建安讲述陕鼓故事：用不同造就不凡［EB/OL］.（08-12）［2022-02-02］, https://www.h2o-china.com/news/294894_2.html.

李转少，2007. 思路决定一切：听印建安讲"陕鼓故事"［J］. 中国机电工业，6：20-23.

仝亚娜，2012. 印建安：无边界行走［J］. 中国机电工业，1：46-53.

熊泽沛，2013. 亲历变革的老员工眼中的陕鼓转型［Z］//感恩变革中的陕鼓人，陕西鼓风机（集团）有限公司内部出版物.

看见未来才有未来

——服务型制造是中国制造业产业升级的战略选择

印建安[*]

感谢北京大学光华管理学院为大家提供这样一个学习和交流的机会,今天我将分享自己在陕鼓工作35年的一些体会和心得,以及退休之后参加工信部和工程院关于服务型制造企业的调研、研究心得。今天跟大家讨论的题目叫"看见未来才有未来"——我认为服务型制造是中国制造业产业升级的一种战略选择。为什么这么说?我试图从以下几个方面对这个问题做一下阐述。

第一,什么是服务型制造?其定义有多种表达。我认为,服务型制造既是基于制造的服务,也是面向服务的制造,它是制造与服务相融合的新产业形态,是一种新的制造模式。不同于以产品为中心的生产型制造,其相对来说更关注自我的发展,而服务型制造是以客户为中心,以客户需求为导向的,它不仅服务于制造业,同时也服务于C端和政府。

我们可以看到,西方发达国家通过长时间的演化,工业服务业产值占

---

[*] 印建安,陕西鼓风机(集团)有限公司原董事长。

整个国民经济总产值的70%以上，生产性服务业产值占整个服务业产值的70%。制造业中的低端环节通过出售或转移从制造业中分离出来，而高端环节则转型升级为赋能第一、第二、第三产业的服务业，例如思爱普（SAP）公司主要从事智能化过程管理。通过对西方发达国家制造业的研究，我们认为服务型制造并不是一种新概念，而是欧美制造业曾经走过的发展路径，实际上为中国制造业产业升级提供了一个发展方向，为中国制造业营造了一种新的生态环境。

第二，产业升级和消费升级给制造业带来的新机遇。中国制造业和欧美制造业走过的路径一样，正面临着企业内部、外部的重大变化。我认为其主要包括三个方面：首先，消费升级。消费市场需求、消费群体、消费观念和消费方式都发生了变化。传统观念被突破，产品硬件形态已经不重要了，关键是用户感受到了什么，用户体验才是最重要的。其次，制造业产业升级。以往制造业同质化的制造模式会导致趋同的行为方式，使得制造业产能过剩，同质化竞争非常激烈，同时也无法满足消费升级及产业升级衍生的新市场需求和环保需求，越来越多的制造业企业通过制造过程的轻量化和智能化来实现产业升级。最后，政府治理水平升级。政府在城市治理方面采取了一些新方式，也鼓励服务型制造为政府提高治理水平提供相应的助力。所以，服务型制造在中国的出现并不是偶然的，而是由市场需求带来的。

第三，服务型制造——做与不做的结果完全不一样！以陕鼓为例，我担任董事长的16年实际上就是走了服务型制造这样一条路径。2005年，我们提出从单一产品制造商向能量转换领域系统解决方案商和系统服务商发展的战略；2016年，我们再次提出要向分布式能源领域转变。通过两次转型，工业服务和基本设施运营超过了企业总营收的80%。其根本变化在于思维和观念上的变化，转变了增长方式，突破了行业边界，提升了组合资源的能力。再如，以企业技术进步为例，基于对几百家制造业企业的调研，对比传统型和服务型企业，我们可以得出一个初步的结论：凡是开拓服务型制造或者享受服务型制造带来的红利的企业日子都会好过一点，凡是延续单一制造模式的企业往往发展艰难。

第四，我简单地向大家描述一下现在是谁在做服务型制造，是在做什么。简单地做一下分类。我们认为制造业（B）具有双重身份，一方面是消费者、被服务者（B1），另一方面是生产者、服务者（B2）。现在提供服务型制造的有两类人：一类是厂商系，就是制造业向服务型制造延伸（延伸型B2），如IBM、华为、陕鼓、陕汽、钢企管家；一类是第三方（分离型B3），如思爱普、西科控股、美林数据、易点天下、途虎。对于B1，要充分利用服务型制造所起的赋能作用，实现自己的产业升级；对于B2，要抓住产业升级、消费升级和政府治理模式升级带来的服务机会；对于消费侧，我们的社会成熟度，包括消费意识、契约精神、社会体系、资本市场等都需要进一步提升。

第五，我们已经做到了服务型制造，但也同样存在一些问题。接下来我谈一谈服务型制造遇到的问题及建议。在服务型制造发展的过程中，遇到的问题主要包括痛点转移、服务对象变化、竞争对手变化等，还受到产业成熟度的影响。我认为服务型制造是中国经济未来的增长空间，产业机会巨大，产业空间巨大。发展服务型制造，要把握服务型制造的中国特色，吸取欧美发展服务型制造的经验和教训。

最后总结一下，消费升级、产业升级、政府治理模式升级带来了新机遇，是服务型制造的新风口；服务型制造是制造业产业升级的新动力；社会成熟度和产业成熟度决定了服务型制造的发展进程。

第八章
共享装备：引领绿色制造

造大国重器，引行业创新[①]

马 力　王延婷

携带制造基因，专注大国重器

2018年，中央电视台推出了纪录片《大国重器》的第二季。中国早已是世界第一的制造大国，如何才能成为制造强国呢？这个系列的纪录片指明了中国制造业和实体经济发展的方向。在第七集《智造先锋》中展示的大国重器包括了共享装备股份有限公司铸造用砂型3D打印机，该技术完全来自共享装备的自主研发，并实现了产业化应用。这台机器高5.2米，重35吨，打印精度±0.3毫米。它的体积比当时国外最大的机型还要大两倍，使3D打印技术制造出体积更大、精度更高的铸件成为可能。

这一集的纪录片里展示了共享装备自主研发的3D打印机打印出来的用于制造火车内燃发动机的砂芯：每层铺砂0.3毫米，也就是一粒砂子的直径；铺一层砂，喷一层树脂；计算机根据铸造零件的形状来决定在哪里喷树脂，喷到树脂的砂黏结在一起，没有喷到树脂的砂一会儿就会被吹掉。这样的工序重复2 000次以后，一个高精度的砂芯就制成了，后续可

[①] 本章涉及的研究得到国家自然科学基金重点项目"转型升级背景下组织创新的多层因素及动态机制研究"（71632002）的资助。

以用来铸造高精度的火车用内燃发动机。共享装备经过自主创新而研制成功的 3D 打印设备，改变了铸造行业的工作方式，不再需要长周期、高成本的模具，所用砂芯一次打印成型，效率和质量都超过了世界同类机型的最优水平。3D 砂型打印机加快了我国铸造业转型升级的进度，使得铸造行业再也不是"傻大黑粗"的行业。中国实现智能制造，推动生产方式变革，抢占先进制造业竞争制高点，在铸造行业有了明显的突破。

3D 打印已经在过去十年来引起了全世界的兴趣，不过此前人们尚未了解中国在这方面有什么引领性的成果。而共享装备这家企业因为所在地在宁夏，往往更会引发人们的好奇：在人们的印象中，宁夏往往只有枸杞、羊肉和葡萄酒为外人所知，怎么竟然会有"大国重器"这样的高科技制造业翘楚？

仔细钻研共享装备的发展，能够收获的内容太多了。了解共享装备的创新，特别是身处经济欠发达的宁夏、经过几十年建设的西北民营企业如何通过不断创新在全球铸造业赢得声誉，可以为中国制造业企业的创新发展提供可借鉴的经验。

宁夏的土地面积、人口数量均不足全国的百分之一。宁夏的工业起步于 1958 年，成长于三线建设时期。改革开放后，尤其是国家西部大开发战略实施后，宁夏的工业经济得到了进一步的发展。宁夏的工业体系主要以煤炭、电力、化工、冶金、有色、装备制造、轻纱等行业为支柱。中国作为制造业大国，更在"十四五"期间提出"深入实施制造强国战略"。宁夏作为中国工业和制造业的一员，其制造业的创新发展水平对于支撑制造强国建设具有积极意义。

共享装备的前身建立于 1966 年，原名为长城机床铸造厂，是三线建设时期由沈阳中捷友谊厂在银川援建的原机械工业部定点企业。建厂初期，长城机床铸造厂以铸件生产为主，产品单一，在计划经济时代企业也长期

处于亏损边缘;改革开放后,于 1986 年改组为长城机器制造厂;后来经过改制,1998 年改为长城机器集团有限公司;为了适应市场经济的需要,加快企业发展,2003 年更名为共享装备有限责任公司。

2004 年,共享装备完成了员工持股的改革,由过去的国有独资企业改制为员工股占 90%、国有股占 10% 的有限责任公司。在改制的过程中,共享装备共有 1 349 名员工成为股东。2005 年,共享装备回购了宁夏国资委拥有的 10% 的股权,自此之后成为一家完全的民营企业。2014 年,共享装备整体变为股份有限公司,最终确认股东人数为 649 人。

如今,共享装备是宁夏回族自治区的龙头企业之一,先后在宁夏、四川、江苏、安徽等地投资成立了共享装备股份有限公司、共享铸钢有限公司、国家智能铸造产业创新中心、安徽共享智能装备等多家子公司,成为跨行业、跨地区、多元化发展的企业集团。同时,共享装备积极响应"走出去"政策号召,长期与美洲、欧洲、亚洲的多家世界 500 强企业或行业龙头企业合作,从跟随行业巨头学习和成长,到与行业巨头联手前行,站在巨人肩膀上的共享装备迎来了快速发展。

远在西北内陆,却一直对标国际顶级

共享装备虽然地处"江湖之远"的宁夏,却很早就积极开展国际合作,是中国企业"走出去"的最早践行者之一。早在 20 世纪 80 年代,时任长城机床铸造厂厂长的孙文靖就决定开发国际市场。当时,他带着本厂生产的铸件,前往日本拜访世界机床行业巨头山崎马扎克公司,希望成为对方的供应商。不过,他们的热情却得到了日本铸造业协会会长这样的评价:"中国的铸件也就是做下水井盖的水平,怎么能做出口铸件呢?"面对国外同行如此的质疑,孙文靖心里憋了一口气,下定决心要做出口产品,只有拿出真本事才能让人家接受自己，实现与强者同行的目标。

于是，孙文靖带着山崎马扎克公司的铸件样品回到中国，上至厂领导，下至车间主任，全部投身于技术改进，各个核心环节都由精兵强将挂帅，希望自己做出来的产品能够达到对方的精度。两个月后，他们拿出了让日本山崎马扎克公司感到震惊的样品。"当时我们选择由技术最好的工人操作，从厂领导、总工到车间主任全部投身于技术攻坚。最终，用时两个月把样品做好，这让山崎马扎克公司验收的时候都觉得难以置信。"共享装备现任董事长彭凡回忆道。

通过与山崎马扎克公司的成功合作，长城机床铸造厂开启了国际化的道路。1994年，虽然长城机床铸造厂已经在国际市场上奋战了五个年头，但仍然面临着产品结构单一、先进技术缺失、生产资金短缺的困境。因此，想要在国际市场上站稳脚跟，仍然面临巨大的挑战。为了稳固在国际市场上的地位，长城机床铸造厂的管理者意识到了创新管理体制和机制的必要性，因此提出了引进外国先进管理经验的思路。通过与日本须崎铸工所的多次洽谈，双方最终于1994年成立了合资的长城须崎铸造有限公司。利用合资企业的优势，公司迅速扩大了海外市场，并转换了生产经营机制。

长城须崎铸造有限公司在多年为山崎马扎克公司供应铸件的过程中，与其建立了良好的合作关系，经过多次的互访、考察，两家公司决定共同投资组建宁夏小巨人机床有限公司。2000年，宁夏小巨人机床有限公司正式开始营业。该公司不仅得到了山崎马扎克公司提供的全面技术指导和生产工艺技术，也吸收了其先进的管理经验，完善了企业的管理制度，从而规范了企业的运行与发展。

在日本市场站稳脚跟后，1999年，共享装备又把目光投向了美洲市场，希望能够向美洲市场出口机床铸件，美国通用电气的大型动力机械铸件就是其目标。由于过去中国动力铸造关键零部件完全依赖于从发达国家进口，本土企业缺乏向国际市场供应关键零部件的经验，因此一家中国企业想要给国际上的行业巨头供货是非常艰难的。通用电气在中国国内用到的一款大型燃气轮机铸件通常只靠进口，国内技术上一直属于空白。按照当时的理解，通用电气对燃气轮机外缸铸件的生产质量要求肯定是属于苛刻级别的：对铸件内部质量的测定甚至要像对人进行体检那样，做X射线检查、超声波检查。为了能够拿到订单，共享装备建车间、买设备，打造国际级"射线探伤室"。为了做国际标准的燃气轮机铸件，共享装备三年中先后投入近亿元。尽管投入如此巨大，共享装备最初在试制某型号透平机缸体铸件时，还是在验收环节被认定为出现了严重的"显微缩松缺陷"，属于不合格产品。通用电气的谈判代表不容分说当场就下了结论："你们别干了，停产吧。"

彭凡无法接受这个现实，铁铮铮的汉子当场就流下了眼泪。"我认为双方就标准环节没有沟通好，绝不是我们没有制造能力，我们可以马上整改补救！"见彭凡一脸坦诚，谈判代表冷冰冰地留下一句"试试看吧"后扬长而去。历经三个月的停产整顿，共享装备掌握了通用电气的标准，提升了质量管理与工艺水平，最终产品通过了验收。自此，共享装备开始了与通用电气的长期合作。站在通用电气的"肩膀"上，国内外知名企业如日本的大隈、日立、三菱、东芝及德国的西门子等的订单纷至沓来。

历年来，共享装备所制造的各类铸件数次填补了国内空白，结束了完全依赖进口的历史。但当时的共享装备还面临着有"铁"无"钢"的铸造能力短板。毕竟，铸钢跟铸铁有明显的差别。为了补齐这一短板，共享装备决定与全球铸钢顶级企业奥地利奥钢联集团进行合作。凭借着多年来为通用电气供货的经验，共享装备获得了奥钢联的认可，双方合资建造了全球顶级的铸钢生产企业——共享铸钢有限公司（以下简称"共享铸钢"）。

这个谈判过程也充满挑战。"刚开始，他们对我们很冷淡。"彭凡回忆道。开启谈判时，奥钢联还同时考察了不少国内知名企业，共享装备并不是首选。但最终，共享装备凭借多年为通用电气提供铸铁件的经验，成为奥钢联选择的合资伙伴，建立合资企业的合同很快就签署了。

共享铸钢建设项目占地16万平方米，建筑面积6万平方米，2004年5月9日正式破土动工，2006年5月9日建成投产，项目一期投资超过3亿元。紧接着，老客户通用电气和共享铸钢签署了为期5年的战略合作协议，签订了超过7 000万美元的协议订单。随后，国内的东方电气集团、芬兰的美卓矿机公司等客户纷纷与共享铸钢签署了合作意向书并下了订单。

为了建设一家国际一流的铸钢件生产企业，共享装备多年来显然付出了太多太多。生产一个高质量铸钢件，细分下来需要64道工序。在与奥钢联合作的过程中，共享装备先派出技术人员和操作工人去奥钢联学习，紧接着奥钢联又派出工程师到共享装备这里手把手地培训。但是，同样的工艺、不同的生产环境，产品合格率就是上不去，每一次的失败都要损失不少真金白银。共享装备花了一年多时间才掌握了生产符合国际标准铸钢件的相关技术和工艺流程。随后几年，共享铸钢研发团队陆续成功开发了用于重型燃气轮机、超超临界蒸汽轮机的各类铸钢件，一个又一个技术难关被攻克了，共享装备保持了与国际领先的强者同行的地位。

通过与国际巨头的合作——或者为对方供货或者双方建立合资企业，共享装备避免了因为身处宁夏这个边远地区、远离国际经济运行的中心地带而可能带来的错失了解国际前沿技术的机会。多年来，共享装备一直密切关注国际铸造行业最新的发展趋势、技术细节和客户要求。

任何领域都不可避免地有强者和弱者。弱者要想提升自己，逐步变成强者，一定不能妄自菲薄、自怜自艾，也不能妄自托大、目空一切，只有谦虚谨慎、向强者学习、与强者同行，才可能逐步提高自身的水平，让自己慢慢能够跟强者比肩，甚至在未来逐步超越。跟着国际巨头讨生活的日子肯定不好过，但只有咬紧牙关坚持下去，才能不断向国际巨头学习，加快进步的速度。

大国重器服务大国战略：三峡水轮机的叶片

三峡水电站是世界上规模最大的水电站，但是其70万千瓦水轮机叶片等大型铸锻件在过去的二十多年却完全依赖进口。国际商务谈判中，发达国家的领先企业从未有过对发展中国家发展清洁能源、实现能源进步等伟大项目的善意。由于国际上只有少数几家坐落在发达国家的企业具有生产这种大型水轮机叶片的能力，因此其采购价格不仅非常高，而且供货周期也很长；这样的场景下，顾客并不是上帝，生产商才是。于是，三峡工程建设的进程受到了相当程度的影响。

开发三峡是国家的重大战略，共享装备能否在国家的重大战略推进时做出自己的贡献？在国务院三峡建设委员会三期工程重大设备制造检查组交流时，共享装备董事长彭凡决定承担起三峡水轮机叶片这块"硬骨头"的研制任务。不过，研制的风险非常大：如果试制不成功，共享装备要自行承担数百万元的经济损失，而且会因此失去进入水电市场的机会。彭凡坚信：外国人能干成的，中国人也一样能干成。

2007年6月，共享装备承担了三峡地下电站70万千瓦水轮机转轮叶片的研发及制造任务。彭凡亲自担任项目组组长，参与研究每一个技术细节。在此后的研发过程中，国务院及宁夏回族自治区领导先后多次对"重大设备关键铸锻件实现国产化工作"做出重要批示。时任宁夏回族自治区党委书记的陈建国曾两次批示，强调这是一项关系到国家重大设备制造的大事，要求自治区各有关部门采取措施支持共享铸钢把我国的大型关键铸钢件搞上去。三峡这个水轮机在建时是世界上容量最大、直径最长、重量最重的机组，其叶片长 5 245 毫米、宽 4 705 毫米，翘曲度达到 2 406 毫米，是世界上尺寸最大的水轮机叶片。由于叶片轮廓尺寸特别大，几何形状复杂，钢水精炼纯净度高，因此设计、制造的难度非常大，相关技术长期以来只有国外少数几家大公司拥有。共享装备接到订单后，不惜成本全力以赴投入研发，投资 2 240 万元改造了吊车、电炉、热处理炉等配套设施。为保证叶片质量，共享装备在项目前期精心策划，按照工艺方案和生产流程将叶片尺寸缩小 3/4，提前试制两件样件，获得大量第一手数据，为三峡水轮机叶片的一次性投产成功积累了宝贵的生产经验。

最终，2007 年 7 月，共享装备承制的三峡地下电站水轮机转轮叶片铸钢项目研制顺利通过由清华大学柳百成院士等组成的专家组的评审，标志着我国在水电机组设备关键铸锻件的国产化道路上迈出了关键一步。共享装备获得的较高评价是：大型水轮机叶片项目主要性能指标符合三峡地下电站机组技术要求，达到了国际同类产品先进水平。目前，共享装备制造的叶片不仅供应国内客户，也在法国、巴西、加拿大等多个大型水电站得到应用。

2007 年 12 月，共享铸钢被国家确定为大型水轮机叶片定点生产企业。在此后建设的向家坝、溪洛渡、乌东德、白鹤滩等一系列水电建设项目中，共享铸钢均提供了核心部件。2008 年、2009 年共享铸钢累计获得 100 多个叶片新订单，从铸造领域拓展到加工领域。2009 年，共享铸钢为推进大型铸锻件国产化所做的工作更加深入，投资近 2 500 万元购置了大型加工设备，提升了现有加工能力和水平，为三峡机组配套叶片等提供配套粗加工，将大型铸锻件国产化进一步推向深入。到 2020 年，共享铸钢仅叶片的

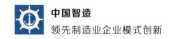

生产和供货就超过 2 500 片。

共享装备的创新并不仅仅体现为铸件研发、生产上的创新，更体现为公司全方位的创新。截止到 2021 年，共享装备已经累计受理专利 2 700 余件、授权专利 1 200 余件，获中国专利银奖、优秀奖共 5 项，主持或参与国际、国家、行业、团体制定标准 79 项，不仅获评"国家知识产权战略实施先进集体"，更是宁夏首家通过知识产权管理体系认证的企业。

在铸造领域革新 3D 打印，实现技术引领

铸造是装备制造业的基础产业，伴随着人类社会的进步，已有 6 000 多年的历史。中国是世界上最大的铸件生产国，有 2.6 万家铸造生产企业，2020 年的铸件产量为 5 195 万吨，铸造产品的总产量达到世界的一半左右。然而，传统的铸造设备都以混砂机为主，劳动强度大、耗时长、能耗高、工作效率低、污染重，因此，从 2012 年起，共享装备董事长彭凡决定以 3D 打印技术在铸造行业的产业化应用作为共享装备创新转型的突破口，实现在这方面的技术引领，对铸造行业进行革命性的变革。

锁定铸造 3D 打印技术后，共享装备便立即组织近 50 人的研发团队全力攻坚，以最快的速度联系购买了德国一家厂商的 3D 打印机，实验工作正式开始。然而在一天的打印过程中，机器突然出现故障，工作箱无法打开，工作停止。在与国外供应商取得联系后，对方提出要求：负责售后工作的工程师从上飞机开始按每小时 165 欧元收费，到达共享装备后同样按每小时 165 欧元收费。面对这样的要求，作为客户的共享装备也只能接受。一周之后，工程师终于抵达银川，开始工作。然而，旧的问题还没有解决，新的问题又出现了。当共享装备研发团队提出由工程师解决新的问题时，对方现场直接摆手拒绝，原来他只负责解决此前已经协调好了来处理

的技术问题，并没有责任和获得授权来处理这个新发现的问题，这是供应商精细管理的要求，规则不能破坏。也就是说，这位工程师此次出差的任务已经事先确定好了，不能随意添加，这是契约精神的体现。于是，在解决完前一个问题后，供应商负责售后工作的工程师直接返回德国，留下了仍然无法工作的3D打印机。共享装备要想解决那个新出现的问题，就必须与供应商重新取得联系，请对方再次安排工程师来解决新问题，再次按照同样的标准向工程师支付费用。

类似情形在机器的后续使用过程中屡次出现，导致铸造3D打印研发屡屡受阻，研发进程明显迟缓。彭凡每每提及此，总会举个例子：就好像我买了一辆汽车，但每次开车都需要请示后才能拿到钥匙，车坏了还不能打开引擎盖……在类似的问题多次出现后，彭凡决定开展自主研发工作，以解决技术受制于人的问题。

经过四年的不断探索，2016年，共享装备终于制造出了自己的第一台铸造砂型3D打印设备。目前，共享装备已研发出十余种型号的3D打印设备、重载机器人等智能装备。与行业同类型设备相比，3D打印设备的打印效率提高了3倍，材料成本降低了2/3，达到国际领先技术水平。共享装备的设备可以使用国产的砂料，更容易保证供给，成本降低，而且砂料循环利用的效率也更高。相比之下，进口砂料的成本太高，供货期长，有时花钱还不能保证供应。后来，共享装备通过对酸耗值、微观形态、粒度等十几项详细指标的深入研究，终于在国内找到了可以替代的砂料。此外，3D打印过程中需要使用的树脂也实现了国产化，成本仅仅是进口产品的1/4。由此，共享装备实现了铸造3D打印产业化应用的国内首创。共享装备的铸造砂型3D打印设备在设计理念上与国际同行的产品有明显的差别，避免了国外知识产权的限制，实现了完全自主的知识产权：哪怕在2 000多次的铺砂后，仍然能够保证每一层间距只有0.3毫米（一粒砂子的直径）

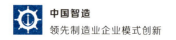

的砂面绝对在水平面上，这就保证了将来用于铸造的砂芯及其最终产品的精度。而且，共享装备的铸造砂型3D打印机允许设备与客户的其他设备通过数据接口产生互联，便于客户建造智能工厂。

共享装备所研发的铸造砂型3D打印设备不仅提高了生产的精度和效率，也革命性地改善了铸造业工人的工作状态。过去的铸造工厂都是以手工劳动为主，不仅劳动强度大、工作效率低，而且工作环境非常恶劣，工人经常是脸白白净净地进车间去，满脸脏污着出来。这个工种太脏太累，年轻人都不愿意干。老员工经常说：以前在车间里，经常听到"咚"的重击声，而每一声都让铸造车间里的人心惊肉跳，担心是不是又有什么事故发生了。

在今天的共享装备生产车间，各种规格的砂芯都是由移动机器人自动运载作业的。移动机器人、桁架机器人、微波烘干设备、立体仓库等组成智能生产线，生产效率是同等规模传统铸造的5倍以上。以发动机气缸盖为例，传统生产方式生产样件的周期约为60天，需要20块砂芯，成品率为70%。而现在，使用铸造3D打印技术，样件周期缩短为7天，仅需3块砂芯，成品率提高至95%。

现在，由共享装备建造的铸造智能工厂内，再没有传统铸造业的人来人往和粉尘扑面，所有的原材料都被放置在3D打印设备的工作箱里。在重载移动机器人收到指令将工作箱推入设备中后，铺砂器便开始铺砂，打印喷头喷出树脂，彼此交替进行，勾画出砂芯截面。每打印完一层，升降平台就下降一层（0.3毫米）。按照设备的要求这样周而复始，连续工作，直到铸造所需要的砂芯打印完成。如今，工人也都是在有空调的环境下工作，无重体力劳动、无吊车，真正做到零排放。

"为了完成3D打印，我们整整奋斗了10年。"彭凡感慨地说。当年隐约觉得铸造3D打印产业化应用能够改变传统铸造的生产方式，助推传统铸造实现绿色智能转型，但搞研发容易，产业化推广难，铸造3D打印面临的问题不少，比如生产效率低、应用成本高、服务不及时等。即便共享装备不断推进产业化应用，年复一年的巨额投资还是看不到结果。"但是，一想到共享装备对传统产业进行的是颠覆性改造，可以让铸造产品由原来的'傻大黑粗'变成现在的'窈窕淑女'，研发团队上下便又充满了信心。"彭凡说。经过无数次地核定标准、修改参数、组装调试，共享装备终于研制成功具有自主知识产权、能够产业化应用的铸造砂型3D打印机，使铸造3D打印技术产业化应用成为可能。

推广创新，"点、线、面、体"地引领行业发展

彭凡在2012年提出了"数字化（智能化）引领、创新驱动、绿色制造、效率倍增"的转型升级方针，并规划了"点、线、面、体"的转型升级路径。这个雄心勃勃的计划听起来有些遥不可及，但实际上已经在实现的路上：首先通过3D打印、机器人等技术"点"上的创新，形成铸造智能单元"线"的集成，进而构建铸造智能工厂"面"上新型模式的示范，最终形成引领铸造行业转型升级及相关产业"体"上的带动，构筑"互联网+双创+绿色智能铸造"的产业生态。

首先，通过攻克铸造3D打印、机器人等实现核心"点"的突破。如今，共享装备生产的3D打印机已经供不应求，优异的性价比及产业化水平已经为其赢得了不少海外订单。

然后，共享装备开始布局在铸造智能单元"线"上的集成。依据铸造工艺流程，共享装备提出了铸造智能单元的模块化、工序化智能制造解决方案，并建设和改造了十几个智能生产单元。在突破铸造3D打印材料、工艺、设备等难题后，共享装备在四川投入了9台设备，组建起了一条生

产线，完成了世界上第一条铸造 3D 打印产业化应用生产线，同时也在宁夏银川建成世界首家万吨级铸造 3D 打印智能工厂，实现了铸造 3D 打印产业化应用的国内首创和铸造行业"绿色智能"转型。这家智能工厂配备了 14 套自主研制的 3D 打印设备，以及各类移动机器人、桁架机器人和立体仓库等。共享装备通过建立智能铸造标准体系，建成铸造砂型 3D 打印数字化工厂，以"标准+示范"模式推动行业绿色智能转型。

在 3D 打印技术产业化应用完成首创之后，彭凡决定要搭建国家级开放创新平台，从而进一步推广铸造 3D 打印技术。2016 年，经国家发展和改革委员会批准，共享装备牵头组建了首个国家智能铸造产业创新中心。该中心的宗旨是推动行业转型升级，搭建开放、共享、线上线下相结合的行业平台，主要聚焦绿色智能铸造等共性问题，以进行协同开发及产业化的应用。目前国内的铸造企业有 2.6 万家，共享装备通过国家智能铸造产业创新中心为行业转型提供技术支持、智能改造等多项服务。目前，国家智能铸造产业创新中心已经在全国建设了 6 个分中心，与 20 余所高校签订了合作协议，共同开展"互联网+项目"的协同研发。除此之外，依托国家双创示范基地和国家智能铸造产业创新中心，共享装备还搭建了面向行业和区域制造业的工业互联网平台——铸造云。截止到 2021 年，平台累计实现交易额超过 230 亿元，用户超过 11 万。

经过共享装备的努力，"铸造材料行情"系统通过不断迭代更新，使客户可以通过移动端微信公众号随时、随地查看信息，让大多数相关的企业更方便、更高效地查看和了解铸造市场行情。同时，共享商城和商城采购需求大厅等新功能正式上线，让原有的采购管理模式发生了很大的变化，在降低采购成本的同时，大大提高了采购效率。而且，云平台先后对三会管理系统、行政服务系统、党建管理系统、网络比价等多款 SaaS 产品进行了迭代升级，不仅优化了系统性能，让用户产生更好的体验，还简化了工作流程，帮助用户更好地开展工作。云平台还提供铸造材料价格系统并不断丰富其内容，2020年新增一级品类32类，二级品名56个，三级规格94个，为企业采购决策助力。为了更好地服务平台上的铸造企业用户，改善企业融资难、融资贵的问题，云平台联合多方金融机构打造出了金融服务平台，旨在聚集金融资源，为中小企业提供高效率、个性化、多元化的融资解决方案，为推动企业快速发展提供强有力的资金保障。显然，铸造云已经真正为铸造企业提供了与共享装备共同发展的机会。

在共享装备总部的控制室里，我们能够看到，大屏幕上清晰地显示出在全国各个不同的铸造生产企业中，由共享装备提供的各台3D打印设备在如何工作：按照各个企业计算机的指令，一台台3D打印机正在铺砂、喷树脂，有条不紊地工作着。而机器运行的各项指标，在该企业与共享装备有协议的情况下，很多技术细节都清晰可见：万一需要共享装备（设备供应商）提供任何技术支持的话，身在银川的共享装备工程师即可随时远程为这些设备使用企业提供支持。一个古老的行业，正在焕发崭新的生机！

结　语

与传统的三线建设的工业企业发展一样，共享装备从计划经济到改革开放再到走向全球的市场发展脉络，不仅在市场开拓方面以及企业体制上经历过变革，在管理制度上同样也经历了多次变革。集团经历了从成立初期的严格管理，到之后建立标准化的管理体系，到数字化管理、智能化管理，再到今天的生态构建的过程。

这个转型的过程无比成功，而成功的背后是几代共享装备人的拼搏。一直以来共享装备都志存高远，从不因为身处边陲而安于现状。在争取国际领先企业订单与合作的过程中，共享装备通过自身的拼搏赢得了合作伙伴的尊重,并继续锤炼了自身的能力。在技术变革的时代,共享装备通过自身背水一战的研发,实现了铸造 3D 打印的产业化应用,完成了技术和经济指标上的突破,从此站在行业的制高点上;而后其又以促进行业发展和实现共同富裕的决心,带动整个行业来提高生产效率、增进员工福祉、提升产品质量、推动行业转型。

共享装备的故事不仅是一家企业的故事,而且是一种精神的坚守,一种正能量的挥洒。

聚焦铸造 3D 打印产业化,助推产业绿色智能转型升级

杨 军[*]

很荣幸有这样的机会跟大家分享共享装备在铸造 3D 打印以及绿色智能转型方面的实践。共享装备是一家传统的制造业企业,1966 年三线建设时期从辽宁搬到宁夏,至今已有 50 多年的发展历史。共享装备主要做三个方面的业务:一是铸造 3D 打印及其产业化应用,从材料、工艺、软件、设备到集成等技术均已全部掌握。二是高端装备关键零部件,比如大家熟知的三峡、白鹤滩、港珠澳大桥、华龙一号、向家坝、溪洛渡这些重大工程都有共享装备提供的零件。三是智能铸造及服务。共享装备有 20 多家子公司(其中国外有 2 家)、3 000 多名员工,40% 左右的市场在国外。所以共享装备是一家参与全球竞争的行业排头兵企业。

铸造本身是一个非常传统的产业,至今已有 6 000 年的发展历史。但是,铸造产业依然与现代生活的方方面面紧密相关——小到我们的牙齿,大到航空航天、机床、轨道交通等装备,都离不开铸造。据统计,90% 以上的制造业产品都有铸件,中国又是一个名副其实的"铸造大国",铸造

---

[*] 杨军,共享装备股份有限公司副总裁。

业连续20年产量世界第一、产值世界第一，占全球市场的45%。中国的铸造企业有2.6万家，从业人员有200万。但是，本科院校里已经没有纯粹的铸造专业了，全部划归材料专业，原来还有铸造、焊接等专业，现在近乎绝迹。高职院校的铸造专业课也越来越少，屈指可数。这是为什么呢？铸造产业整体呈现出生产环境差、劳动强度大、效率低、质量不高、环境污染等问题，所以我国并非"铸造强国"。因此，绿色智能发展迫在眉睫，铸造行业转型刻不容缓。

传统铸造生产过去被叫作"翻砂"。大家从图8.1中可以看到，第一道工序就是把模型放进砂箱里，填型砂紧实刮平，保持砂芯的强度，分别取出上下型合好，砂型造完后再涂上涂料，之后靠人工把几十块甚至上百块芯子组装起来，然后将铁水或者钢水浇注进去，这就是传统铸造的生产方式、生产场景，人们是非常不情愿去从事翻砂工作的。多年来铸造产业除了树脂砂等工艺的变革，并没有本质的变化。这就无法满足高质量发展的需要，也无法满足员工对美好生活、良好工作环境的向往。

图8.1　传统砂型铸造方式

共享装备董事长彭凡是十八大、十九大代表，1983年大学毕业之后就来到宁夏，扎根企业30多年。早在2008年全球金融危机时，彭凡就提出要进行数字化转型，虽然目标不够清晰，但共享装备在摸索中还是取得了不小的成就。2012年,共享装备明确了"数字化(智能化)引领,创新驱动,绿色制造,效率倍增"的转型升级方针,从一家传统的制造业企业逐步转变成一家技术创新型企业和数字化企业,并实践了"点、线、面、体"的转型升级路径。

这些想法与国家高质量发展的要求高度一致。通过3D打印的工艺装备,包括一些专用机器人技术,共享装备将设备集成起来,与工业软件相融合。当共享装备将虚拟设计(VM)、智能生产(IM)和数字化管理(DM),即三个M融合起来时,就变成了示范工厂,给大家呈现了一个未来工厂的完整图景,共享装备自己也能看到未来的前景。

我们通过变革和示范推动共享装备的转型。近十年来,共享装备通过转型发展出3D打印业务、智能制造业务,高端零部件也正向更高质量方向发展。同时,共享装备对行业和国家的贡献也日益显现出来。比如,**翻砂等铸造工序明显改善的工作环境,对铸造3D产业和铸造行业的发展都具有促进作用**。

说到3D打印,大家可以看一下中央电视台纪录片《大国重器》第二季第七集《智造先锋》中展示的共享铸造(四川资阳)数字化示范工厂的视频(如图8.2所示)。随着砂箱推入打印机,打印机开始均匀铺砂,每一层都展现出完美的平整度,每层砂的厚度只有0.3毫米,上万个直径50微米的喷孔在计算机的控制下,根据铸造产品形状所需要的砂芯截面图形来喷射树脂,使砂子固化。每打印完一层升降平台就下降一层,铺砂、打印喷头喷出树脂,交替进行,经过2 000层的堆叠,中国自主设计制造的砂型3D打印机就完成了它的第一件作品:砂芯渐渐呈现,非常完美!从这段视频可以看出,过去翻砂的生产方式彻底改变了。以发动机缸头制造为例,原先的翻砂工序不复存在,在计算机里对发动机缸头建模,设计并打印出三块砂芯,然后组芯浇注,铁水灌进去后铸件就形成了。而过去同样的一个铸件需要 20 多块砂芯，操作非常复杂，极度依赖工人的技能，但是废品率仍在 50% 以上。可以说，3D 打印改变了传统铸造。

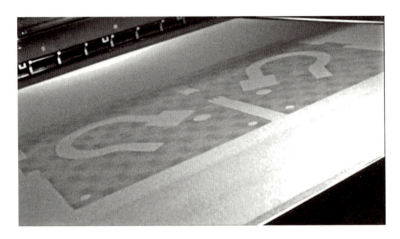

图 8.2　纪录片《大国重器》数字化示范工厂视频截图

经过近十年的研发和实践，共享装备在铸造 3D 打印的材料、工艺、软件、设备、集成方面攻克了技术难题，实现了铸造 3D 打印产业化应用的国内首创，并成为国际细分领域行业排头兵。与国外设备相比，共享装备自主研发的设备成本降低了 2/3，效率却提高了 3 倍，为中国航空航天武器装备以及能源设备提供了 5 万多吨砂芯、2 万多吨铸件。类似的示范工厂已在全国建造了 5 座。应用了铸造 3D 打印等新技术的生产方式与传统方式相比，效率、周期、质量和生产便捷性都有了大幅提升，成品率基本上都能做到 95% 以上，整个生产周期缩短了 2/3。

这里有张新、旧工厂对比图（如图 8.3 所示），左侧是传统铸造工厂，右侧是新的智能工厂。基于 3D 打印，新工厂里面没有传统的砂箱，没有模具，没有废砂，没有粉尘排放，员工在空调环境下工作，用工人数是传统工厂的 1/5，效率却是传统工厂的 5 倍，年轻人更愿意在这样的工厂里工作。在我们位于银川的公司里，新、旧工厂仅一路之隔，生产环境却是天壤之别。跨越这条路可能只需 50 秒，但是，实现传统铸造转型升级这条路却经历了几十年的探索。中央电视台先后多次就共享装备铸造3D打印产业化应用方面取得的成绩进行专题报道,这证明共享装备已经走在行业前列,智能制造是行业发展的方向,是未来的趋势。

旧工厂

新工厂

图8.3 新、旧工厂对比图

2016年,国家发展和改革委员会对由共享装备牵头建立国家智能铸造产业创新中心进行了批复,希望该中心秉持"专业协同、共享共赢"的理念来引领行业进步,推动产业转型,以绿色智能铸造为主攻方向,建立关键共性技术研发、成果转移转化、产业化应用示范的运行机制,持续为铸造行业提供创新发展活力,促进产业转型升级。从2016年批复组建到2017年正式成立,国家智能铸造产业创新中心包含12家股东,在全国建了6个分中心,在长三角、环渤海、珠三角等地区为行业提供服务,推动行业转型,富有成效。

国家智能铸造产业创新中心作为具备独立法人资格的实体机构,创新模式是按照市场化方式来运作的。一是打造智能制造(铸造)软硬件研发孵化器,专门研究制约行业转型升级的关键共性问题,比如工厂过去用吊车,现在用移动机器人,机器人承重要达到上百吨,工业软件如何适配等,这些痛点和难点都是研发的重点所在。目前已研发出铸造砂型3D打印设备、热法再生设备、重载机器人等智能制造装备及全流程虚拟铸造、智能单元等 30 余项核心技术。二是成为智能制造（铸造）系统解决方案供应商，组建了一支团队提供智能制造服务，现在整个产业创新中心已经有 400 多人，其中 50% 以上是研发人员。产业创新中心建立智能铸造标准体系，建造智能工厂，以"标准+示范"模式为行业提供总包及软硬件的集成服务。三是搭建面向铸造行业和区域制造业的工业互联网平台——铸造云。铸造云目前拥有 10 万用户，包括交易、培训、SaaS 应用等，为行业提供工业互联网服务。

截至目前，共享装备智能化的解决方案，特别是围绕 3D 打印，已经建成了第三代智能工厂，坐落于长三角地区的安徽芜湖。工厂的鲜明特点是设备 100% 国产化，整个建设成本比原来降低 20% 以上，运营成本降低了 30%。第一代工厂更多的是研发实践，攻克一些关键技术；到了第二代和第三代则要求提高效率、降低成本，符合多品种、小批量的产业化方式；现在的第三代智能工厂已经全线攻克了产业化的关键技术。

截至目前，共享装备已为徐工集团、格力、烟台冰轮、新兴铸管等 50 多家企业提供了智能制造系统解决方案，效果非常好。同时，中国铸造协会和国家智能铸造产业创新中心牵头，联合行业内企业、科研院所、高校等，共同发起成立了中国智能铸造产业联盟。为了推动宁夏企业的数字化转型，在宁夏工信厅的指导下，共享装备成立了宁夏工业互联网产业联盟，来推广智能化转型的理念和做法，分享实践案例，希望未来铸造业也可以像机床、汽车等产业一样，实现智能化生产、规模化生产以及现代化管理模式。

共享装备目前正在构筑一个"互联网+双创+绿色智能铸造"的产业生态。在这个生态里有产学研用金，比如共享装备在产教融合方面做了一些新的探索来推动行业的发展。共享装备与陕西工业职业技术学院携手建立了产教融合的实训基地，基于 3D 打印实训工厂，让学生了解铸造行业，以改变其行业认知，让更多的人选择从事该行业。期待未来有更多具备先进工艺、先进装备的智能工厂和智能园区，期待更多的研发机构和学校为行业培养人才。同时，未来的业务一定是基于工业互联网的，比如，3D 打印设备等必须基于互联网去运行，所以这个生态一定是线上和线下融合的。而且，国家智能铸造产业创新中心作为国家级的产业创新中心，一定要站在国家、行业的角度去开展工作，所以中心也协同西北工业大学、西安交通大学、大连理工大学等院校开展一些共性问题的研究，申请国家科研项目。

作为行业的一分子，共享装备期待在未来的发展中，在推进自身高质量发展的同时也能为行业的绿色智能转型做出积极的贡献。

第九章
企业家的身份认同与企业发展[①]

张志学　王延婷

> 互联网造就的不是谷歌，不是阿里巴巴，不是腾讯，而是千百万实业家，他们挖掘信息，提高制造技术，改进产品与服务，推动整个社会的进步。
>
> ——任正非

> 18万人的信念，13亿人的梦想。中国想成为科技大国，如果没有自己的民族汽车工业，是名不副实的。作为中国民族汽车制造业的一员，如果不能在这个领域内改变目前落后的民族汽车工业现状，我们将羞愧难当。
>
> ——王传福

本书所展示的七家企业的案例表明，智能制造如今风起云涌，优秀的中国企业已经在这个领域收获了丰硕的成果。本书第一章专门介绍了中国企业投身智能制造的机遇。在本章中，我们强调中国企业借力智能制造这个机遇的另外一个方面：企业家。正如法国微生物学家、化学家路易·巴斯德所说，"机遇偏爱有准备的头脑"，智能制造为中国企业提供了难得的

[①] 本章涉及的研究得到国家自然科学基金重点项目"转型升级背景下组织创新的多层因素及动态机制研究"（71632002）的资助。

第九章
企业家的身份认同与企业发展

创新机遇。那么,什么样的企业家更可能抓住机遇、快速创新呢?基于我们的研究,我们认为企业家的身份认同起到核心作用。具体地说,企业家对于"我是谁"的回答,影响了企业能否在一个大的发展环境中勇于创新、坚持主业、取得成功。

中国企业的发展离不开优秀的企业家。改革开放以来,中国企业开始迅速发展,中国的企业家群体也迅速发展壮大。在1995年《财富》杂志第一次发布的各国企业营业额的综合榜单中,中国仅有中国银行、中华集团、中粮集团三家中央级国有企业上榜。不过,在2021年的世界500强企业榜单中,已有143家中国企业上榜,其中包括34家民营企业。中国成为上榜企业数量最多的国家。同时,民营企业已经成为推动中国经济发展不可或缺的力量,不仅是国家税收的重要来源之一,也成为创业就业的主要领域、技术创新的重要主体。

近年来,习近平总书记在考察与座谈中多次提及企业家的重要性,他强调"长期以来,广大民营企业家以敢为人先的创新意识、锲而不舍的奋斗精神,组织带领千百万劳动者奋发努力、艰苦创业、不断创新"[①]。企业家不仅是推动新技术变革的主力军,也是促进经济社会发展的重要动力。企业家是指将经营企业作为目标与使命的企业最高领导者,他们通过识别外部环境、调动现有资源为客户提供产品或服务。西方的企业领导者大多是职业经理人的身份,因为他们在继任时,企业已经存在了。而中国的企业家往往不仅是企业的创立者,还要身兼企业的管理者和经营者等多项职责。在过去四十多年的发展中,一批有胆识、敢于创新的企业家茁壮成长,形成了具有时代特征、世界水平的企业家队伍。

然而,在竞争激烈、复杂动态的市场环境中,企业发展如同大浪淘沙。正如本书第一章所述,中国经济发展的宏观环境为企业提供了独特的

---

① 习近平,《在民营企业座谈会上的讲话》,新华网,2018年11月1日。

时间与空间两大机遇。改革开放这些年，一方面，许多企业纷纷倒下，另一方面，一些优秀的企业不仅存活了下来而且获得持续发展，我们认为其中至关重要的因素就是企业领导者个人的身份定位。企业家赋予自我身份的意义不仅影响他们对外部环境的识别与判断，也导致他们为应对市场变化而做出不同的战略选择。企业家，特别是以发展实业为使命的"实业家"，在真正推动智能制造、高水平的中国制造与创新。本章从企业家身份认同的角度出发，来讨论企业领导者实业家身份认同的内涵，以及这种实业家身份如何影响企业的创新与发展。

一、企业发展的本质是持续创新

企业发展如逆水行舟，不进则退。发展代表了企业的事业在各方面的进步；而企业所处的环境瞬息万变，所以发展中自然就会隐含创新的意味。创新是企业生存和发展过程中每天都必须面对的任务。创新，顾名思义，是对过去固有做法的扬弃，其本质是产生一种"创造性破坏"，对生产要素进行重新整合（Schumpeter, 1934），创造出新的产品或者提出新的想法（Damanpour & Gopalakrishnan, 2001）。创新不仅有助于企业保持竞争优势，也对企业扩大市场份额以及持续的健康发展有促进作用。

创新是非常艰难的，如同"牛顿第一定律"对物体运动状态的"惯性"的描述，企业的运行也有强大的惯性。企业要坚持不断创新、持续发展，并成功"活"下来，就必须克服组织惰性。组织惰性通常被看作组织或组织成员对组织当下所拥有的资源、制度以及发展模式表现出高度适应，并对新想法、新信息的排斥（Gilbert, 2005）。企业过去的成功经验往往可以演化出组织惰性，表现为组织或组织成员认为企业过去的成功经验依然可以应对未来新的环境，使得组织保持既定的行为方式和消极应对内外环境变化的倾向。具有组织惰性的企业通常只看重眼前利益，缺乏改变现状的胆略与热情。企业领导者采用习惯性和被动应付型的管理方式，缺乏主动性与创造性；在决策上也趋于保守，不敢承担风险，议而不决。企业领导者的惰性表现也会导致中层管理者产生无力感，失去成就感与主动精神，从而导致中层员工缺乏上进心，满足于现状，对企业漠不关心。组织惰性使得企业在战略选择与资源配置上都认为借鉴和模仿是比创新更加便捷，也更易于获得成功的方式。

对企业发展来说，成功往往孕育着失败的种子，因为企业一旦取得了某方面的成功，就容易因此而沾沾自喜，囿于这一次成功的经验并因为惯性而持续。因此，企业只有克服组织惰性，努力地持续改进、创新，才能在竞争激烈的环境中保持领先，获得持续的竞争优势。企业家作为企业的最高领导者与决策者，在企业克服惰性、进行变革的过程中起到了决定性的作用。

二、智能制造：众多实业企业成功创新的领域

本书介绍了众多中国实业企业在智能制造领域成功的创新。例如，隆基抓住了光伏行业发展的好机会，以其核心竞争力推动了行业的发展。京东方抓住了 LCD 行业腾飞的机遇，一举成为世界上最大的显示企业，而且在 OLED 上也进入世界第一梯队。海尔和美的所设计、制造的家电产品，是使"中国制造"走出国门的先行者，如今更成为"中国智造"在全世界的名片。所有这些案例都表明，中国企业在智能制造领域的发展已经如火如荼。

除本书前面已经详细介绍的企业案例之外，本章以华为作为中国企业成功创新的样板，尝试从华为的持续发展过程剖析影响企业创新的因素。

华为由任正非于1987年创立，是全球领先的信息与通信（ICT）基础设施和智能终端供应商。在3G时代，华为只能作为行业的追随者和次要参与者；在4G时代，华为成为行业的主要参与者；到了当今的5G时代，华为成为技术最先进的引领者之一。2020年，华为的营业收入达到8 914亿元。1992—2020年，除2002年外，华为的业绩始终保持持续增长（见图9.1）。2001年，由于华为放弃了小灵通业务而专注于3G网络的研发，其当年的营业收入增长接近于停滞状态，2002年出现了创业以来唯一一次亏损。

图9.1　华为1992—2020年营业收入与增长率

华为始终高度重视技术创新，不断通过持续的研发投入保持其竞争优势与创新活力。华为坚持每年将营业收入的10%投入研发。近十年，华为累计投入的研发费用超过7 200亿元。其中，2020年，华为的研发支出为1 419亿元，约占全年营业收入的15.9%；从事研发的人员约有10.5万名，约占企业总人数的53.4%。在研发上的持续投入使得华为成为目前全球最大的专利持有企业之一。截止到2020年年底，华为在全球共持有有效授权专利超过10万件，其中90%以上都是发明专利。

任何企业都必须认识到，创新维艰。作为追随者时，领先者会用各种专利、商务方面的壁垒阻碍后来者的追赶步伐；而成为领先者时，曾经的领先者会以更强势的手段予以打击。华为在 5G 方面的优异表现，使得其屡次遭受打压，中美贸易摩擦出现后这种情况更变本加厉。2018 年 8 月，美国前总统特朗普签署了《2019 财年国防授权法案》，要求禁止所有美国政府机构从华为购买设备和服务。同年 12 月，华为首席财务官孟晚舟在加拿大被捕，美国向加拿大要求引渡她。2019 年 1 月下旬，美国司法部以银行欺诈、盗窃知识产权等罪名起诉华为，同年 5 月，美国商务部宣布，将华为及其子公司列入出口管制的"实体名单"，这意味着华为在美国的市场完全被剥夺。2020 年 5 月，美国商务部更新对华为的禁令，禁止华为使用美国半导体芯片设计软件；随后在 2020 年 8 月，禁止含有美国技术的代工企业为华为生产芯片；到了 2020 年 9 月 15 日，又宣布禁止将含有美国技术成分的芯片出售给华为。这一系列的举措都表明美国正式对华为的芯片进行管制。自此之后，多家芯片企业如台积电、高通、三星等都无法再向华为供应芯片，使得华为的手机业务受到重创。华为遭受打压的原因主要在于其在 5G 通信上的领先地位。2020 年 2 月，美国司法部长威廉·巴尔在"中国行动计划会议"演讲中称："5G 技术处于正在形成的未来技术和工业世界的中心。中国已经在 5G 领域建立了领先地位，占据了全球基础设施市场的 40%。这是历史上第一次美国没有引领下一个科技时代。"华为作为中国 5G 领域的领先企业，使美国产生了强烈的危机感。

面对美国的刁难与打压，华为不仅没有屈服，反而表现出了自强不息的精神。任正非在 2019 年 7 月 17 日接受美国《雅虎财经》的访谈时说："将来不只是 5G，我们在其他领域还将继续跑在世界前列，我们有充分的信心，客户会买我们的产品，因此，发展的方向和步伐并没有发生变化。"受芯片管制影响最严重的就是华为的手机业务。为了"不拖无辜的人下水"，华为出售了旗下的荣耀手机品牌，最大化地保证了170个国家的代理商、分销商的利益。在2020年9月10日召开的华为开发者大会上，华为消费者业务软件部总裁王成录表示，芯片的问题反而给了企业反思的机会，限制也让大家有了一个更好的机会，危、机并存。而华为的表现确实如此，华为发布的首款旗舰手机元器件国产率不到30%，而2019年美国宣布制裁之后，华为发布的旗舰手机元器件国产率已经超过86%。另外，华为发布的鸿蒙系统也为其走向物联网时代奠定了基础。目前，鸿蒙系统已经与美的、海尔等家电巨头合作，共同发展智能家居。

华为在智能制造领域也进行了多方位的布局与实践。对于全世界的工业安全来说，矿井的安全性始终是煤矿生产的头等大事。华为与河南洛阳栾川钼矿以及河南跃薪智能机械集团共同开发了5G无人矿山，通过移动5G网络，操作人员可以远程操控矿井下的运输车，同时也实现了露天矿区钻、铲、装、运的全程无人操作。这不仅保障了矿井的生产安全，也提高了管理效率。2021年9月，华为与国家能源集团共同发布了"矿鸿操作系统"，进一步加速提升矿山的智能化水平。华为的智能制造不仅体现在煤矿、电力等能源行业，也体现在公共事业、金融、交通、医疗等其他多个行业。截止到2020年年底，华为与全球700多个城市、235家世界500强企业合作完成了数字化转型。

华为在研发上的不断投入以及被打压后所展现出的韧性背后不能忽视的一个因素就是华为创始人的作用。

三、企业家对企业持续创新的影响

企业在发展过程中会产生惰性：如果按部就班能够过日子，为什么要不停地折腾自己呢？要克服企业的惰性，就需要企业家具有决定性的影

第九章
企业家的身份认同与企业发展

响。正如彼得·德鲁克所说:"企业家就是那些愿意过不舒服的日子,或者不愿意过舒服日子的人。"

企业家对企业创新与发展的重要性都在已有文献的理论和实证研究中得到了证实。高层梯队理论认为,企业管理者的认知结构及价值观会影响其对相关信息的接收能力,从而影响企业的战略选择,最终影响企业的行为(Hambrick & Mason,1984)。随后,Quigley 和 Hambrick(2015)通过分析 1950—2009 年美国上市公司的业绩发现,公司的 CEO 是影响公司绩效的主要驱动力,而公司背景和行业因素对公司绩效的影响则逐渐减少。通过对中国、印度和巴西的跨国公司进行研究,Luo 和 Tung(2007)指出,企业家是新兴市场跨国公司进行国际化扩张的主要动力。也有学者进一步探讨发现,企业家的社会资本对组织动态能力也会产生积极的影响(耿新、张体勤,2010)。

华为发展到今天,与创始人任正非有密不可分的关系。截至 2020 年 12 月 31 日,华为员工持股计划参与人数达 121 269 人,任正非虽然只持有华为 0.9% 的股份,但他对华为的影响是巨大的。

任正非于 1944 年出生于贵州边远山区的少数民族县城,早期就读于重庆建筑工程学院。1974 年为建造从法国引进技术的辽阳化纤总厂,他应征入伍,成为承担这项工程建设任务的基建工程兵,先后任职技术员、工程师、副所长等。由于在此期间做出的重大贡献,1978 年,任正非出席了全国科学大会,并在随后的 1982 年参加了中国共产党第十二次全国代表大会。后来,由于国家调整建制撤销基建工程兵,以及在地方工作的不顺利,任正非于 1987 年集资 21 000 元创立了华为。作为华为的创始人和决策者,他的价值观与个人特质对华为的发展产生了深刻影响。

从创立华为至今,任正非持续奋斗的精神始终贯穿于华为的发展过程中。他时刻都保持着危机感。他在不同阶段的讲话都提醒公司全员要居安思危,即便在华为初创时期,他也已经具有这种警醒意识。从1987年到1995年,华为用了8年的时间,将员工人数从6人发展到1750人,销售收入也从0达到了15亿元。他在1996年华为十大杰出员工表彰大会上的讲话中表示:

> 华为已处在一个上升时期,它往往会使我们以为八年的艰苦奋战已经胜利。这是十分可怕的,我们与内外企业的差距还较大,只有在思想上继续艰苦奋斗,长期保持进取、不甘落后的态势,才可能不会灭亡。繁荣的里面处处充满危机。①

任正非始终把提升华为的核心竞争力作为首要目标。作为企业的领导者,任正非不仅要关注外部动态变化的环境,也要对企业内部的资源进行协调与整合。他在2000年的一次内部会议上说过:

> 华为矢志不渝地追求企业核心竞争力的不断提升,从未把利润最大化作为目标。核心竞争力不断提升的必然结果就是生存、发展能力不断被提升。我们认识到,作为一个商业群体必须至少拥有两个要素才能活下去,一是客户,二是货源。因此,首先,必须坚持以客户价值观为导向,持续不断地提高客户满意度。客户100%的满意,就没有了竞争对手,当然这是永远不可能的。企业唯一可以做到的,就是不断提高客户满意度。②

任正非也坚持开放的心态,强调向领先者学习。即使在美国如此的打压下,他在2020年3月24日接受《南华早报》采访时仍表示要对美国"敞开心扉":

---

① 任正非,《反骄破满,在思想上艰苦奋斗——在华为十大杰出员工表彰大会上的发言》,1996年4月6日。
② 任正非,《创新是华为发展的不竭动力》,《华为人》第107期第1版,2000年7月20日。

第九章
企业家的身份认同与企业发展

制裁华为只是美国少数人的意见,他们不代表全美国人民,不代表美国的企业。我们和美国企业的合作还是很认真的,还是真诚与美国科技界、美国企业……加强合作。网上的科技论文非常多,论文是全世界公开的,我们也去读一读。不能有狭隘主义,还是要认真向美国学习,因为它最强大。

任正非始终保持专注,这也使得华为自创业开始就将使命锁定在了通信核心网络技术的研发上,只专注于这一件事。任正非在1995年12月26日华为的总结大会上提出要坚持压强原则:

推行集体奋斗遇到了阻力,就可以想象,纷纷有骨干跳槽,使公司经常面临危机。华为坚定不移的钉子精神,压强原则,集中一切可以集中的力量,突破一点,局部领先,使华为度过起步的艰难。

类似地,2016年6月1日播出的《新闻联播》里,任正非在接受采访时说:

中国现在又冒出来很多企业,其实也跟华为一样,也是专心致志做一件事的。一个人一辈子能做成一件事已经不简单了……我们13亿人每个人做好一件事,拼起来我们就是伟大祖国。

任正非的这种专注精神不仅体现在对华为的业务要求上,也体现在他个人身上。2018年是中国改革开放40年,任正非婉拒了100名"改革先锋"的表彰,在《面对面》的采访中,记者问道:"在改革开放40年的纪念大会上,有100名改革开放的先锋,中央在表彰。(名单中)没有您,据说是因为您主动向深圳市委市政府申请不要加上您,这是真的假的?"任正非给出的答案是:

这是真的。因为我是这样想的:我想集中精力做华为。华为已经够复杂了。你们没有机会到我们海外研究中心看一下。这些科学家还有数千项专利在研究。所以是有很多细节才能组成这个宏观的。这些

东西都是要有规划的,我觉得我的精力要放到内部的这个方面。如果参加社会活动,就要消耗精力。另外,你叫我开会,坐在板凳上两个小时,我坐不住,就会溜号,不光彩。

然后记者追问他在做什么事的时候能坐得住,他回答:"我做公司工作的时候,能坐得住。"

四、理论思考:实业家身份认同及内涵

任正非的讲话和行为鲜明地突出了他作为实业家、企业家的核心身份。他心无旁骛,专心做一件事,做好企业家,专注于通信领域的技术和产品创新,为人类的沟通提供便利,愿意为此去学习各方所长,自己也在专注中获得成就感。这种企业家的实例让我们逐步提炼出企业家的实业家身份认同的概念。

身份认同,指的是一个人把自己看成一个什么样的人,是人们对"我是谁"这个问题给出的回答。身份认同理论(Identity Theory)来源于角色理论,该理论指出个体会将自己定义为履行某种角色的人,并将与该角色相关的意义与期待内化为个人自我的一部分(Burke & Tully, 1977; Stryker, 1980),由此形成一套指导个人行为的标准(Burke, 1991)。由于身份认同关注个体在某个角色中的感知、思想和行动,因此确定了身份认同的个体会努力表现和保持与角色相关的意义及期望(Freese & Burke, 1994)。值得注意的是,每个人都会在社会中扮演多个不同的角色,而个体会根据社会情境的不同激活最显著的身份。当具有显著身份的个体表现良好时,他们会产生自尊感,并获得对环境的控制感(Burke & Stets, 1999),从而进一步加强他们对现有角色的身份认同。

人们的身份认同可以来自很多方面,工作是其中之一。人们也会通过

情境中所对应的对象来确定自己的身份，回答"我是谁"这个问题，比如在面对孩子的时候，会表现出父母的身份；面对上司的时候，会表现出下属的身份。在构建自我身份认同的过程中，工作也是重要的情景之一。如果个人仅仅把工作当成谋生的手段，就很难用工作相关的身份来定义自己。

很多企业家都会把与企业有关的活动看作自己身份认同的一部分。企业家一旦确立了自己的身份认同，便会确立一套与此身份认同密切相关的认知和行为准则，并在行动中积极践行这套准则。企业家也会根据自己的身份认同来制定组织的战略决策，他们会在创业初期就计划专注于某个行业，从而确立初始的身份认同，并且逐渐坚定地认同该身份角色的社会责任，进而持续达成对行业有显著改进和突破的目标。

企业家可以有不同的身份认同。依据创业角色可以把创业者分为三种不同身份认同的创业者，他们会采取不同的行动（Cardon et al., 2009）。首先是发明者，当创业者认为发明者的身份更为显著时，会积极地在外部寻找那些带来创新的机会。其次是创始人，当创业者认为创始人的身份更为显著时，会积极地从事获取和整合资源的活动。最后是开发者，当创业者认为开发者的身份更为显著时，会主动参与到市场拓展的活动中。

中国的企业领导者也具有三种不同的身份：商人、投资者和实业家。商人拥有自己的店铺或者企业，通过买卖和交易商品获得利润。投资者将稀缺的个人和企业资源分配到某些特定企业中以赚取更多的利润。商人和投资者都试图通过识别及利用商业机会来实现利润最大化。实业家在特定的行业中生产出满足市场需求的产品，并持续投入研发，改善产品的质量和技术。由此，我们提出实业家身份认同的概念，其是指企业领导者将自我的身份定位于决心运营和管理生产特定产品的实业企业，而非仅仅通过交易或者投资来获取利润。

具有实业家身份认同的企业领导者，能够更加心无旁骛地经营企业。

他们因企业的产品或服务满足了社会的需求而体会到事业的意义，并从中感受到使命与责任。实业家身份认同主要包含三个成分：一是感知到工作的意义，企业的领导者因企业的业务满足客户和社会的需求而感到自豪；二是致力于终身学习，企业的领导者保持开放的思想，并持续学习；三是坚定地追求组织目标，企业的领导者专注于组织目标，拒绝机会主义。

我们对华为创始人任正非所发表的 358 篇内部讲话和公开演讲进行分析后发现，他是一个具有实业家身份认同的领导者。

感知到工作的意义。任正非始终坚信华为的业务不仅使员工实现了自我价值，同时也满足了客户的需求，改善了人们的生活，促进了社会的发展。2019 年 1 月 15 日，任正非在参加国际媒体圆桌会议时谈到了华为的意义：

> 在日本海啸引发福岛核电站泄漏时，与难民逆向前进的是华为员工，他们冒着生命危险在两周内恢复了 680 个基站，为抢险救灾做出了贡献；孟晚舟也是在那个时候从中国香港奔赴日本，整架飞机上只有两个乘客。我们不是见到灾难就逃跑，而是为了人类安全，迎着灾难向前进。印尼海啸，我们有 47 个员工，在 13 个小时内就把海啸灾区 668 个基站恢复了，支持了抢险救灾……大家知道，非洲不仅有战争，而且是疾病频发的地区，我们有很多员工都得过疟疾，大量员工在这些疾病和贫穷地区穿越……这些事情也可以说明，我们不是上市公司，不是为了财务报表，是为了实现人类理想而努力奋斗。不管条件多艰苦，我们都在努力。

任正非赋予华为业务的意义不仅是面向客户的，更是面向全人类的。2019 年 2 月 19 日，他在接受美国哥伦比亚广播公司（CBS）的采访时表示：

> 我们的理想是要为人类幸福而服务，否则我们不会到珠穆朗玛峰

6 500 米的高山上去装基站。你想想，6 500 米，怎么把设备扛上去？是非常艰难的。我自己去过珠峰 5 200 米的大本营，看过基站，大家说"你不能去"，我说："我为什么不能去？我若贪生怕死，别人不贪生怕死吗？"国家发生战争时，我们也在那儿，如果我们不服务正确的网络，死的人更多。

致力于终身学习。任正非始终保持开放的态度，他相信持续学习对个人成长是非常有必要的。自创立华为以来，他一直鼓励华为员工向他人学习。2019 年 3 月 13 日，在接受美国有线电视新闻网（CNN）的采访时，任正非提到了华为始终要向优秀的人或企业学习：

> 我们公司未来还要大大地发展，要想发展得正确就要向一切优秀的学习，否则怎么能进步呢？美国有很多东西就是好的，我们要承认。我在 1992 年访问美国时说，美国的繁荣和富裕不是掠夺而来的，而是用很先进的科技换取超额利润获得的，这就是等价交换。我在 1992 年时就讲过这句话，今天也没有否定美国。如果美国愿意跟我们加强合作，我们可能对人类的贡献还会更大。美国现在提出来要做 6G，很好，我们可以和美国合作把 6G 做得更好，这应该是没有问题的，我不会斤斤计较。如果我是一个心胸很狭窄的人，其实就没有华为的今天。华为之所以成为今天这样，其实是一种哲学，就是向美国学习的"开放"哲学。

任正非也要求华为员工不断学习来提升自己：

> 我们提倡自觉地学习，特别是在实践中学习。你自觉地归纳与总结，就会更快地提升自己。公司的发展，给每个人都创造了均等的机会。英雄要赶上时代的步伐，要不断地超越自我。[1]

---

[1] 任正非,《不要忘记英雄——在来自市场前线汇报会上的讲话》，1997 年 1 月 30 日。

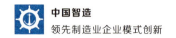

坚持追求组织目标。任正非始终要求华为坚持自己的主营业务，努力改进自己的产品，忽略其他的机会主义方向。2019年1月15日，任正非在参加国际媒体圆桌会议接受记者采访时，谈到了华为的组织目标并不是只追求利润的最大化：

> 大家都看到，资本至上的公司成功的故事非常少，资本是比较贪婪的，如果它看到有利益就赶快拿走，就会失去对理想的追求。正因为我们是一家私营企业，我们才会对理想有孜孜不倦的追求。我们从几百人开始就对准一个"城墙口"冲锋，几千人、几万人、十几万人还是对准同一个"城墙口"冲锋。对着这个"城墙口"，我们每年研发经费的投入已经达到150亿～200亿美元，未来五年总研发经费会超过1 000亿美元。资本公司看好的是漂亮的财务报表，我们看好的是未来的产业结构，因此我们的决策体系是不一样的，我们很简单，就是为人类进入信息社会而奋斗。

无独有偶，本书其他案例中的企业家也都在讲话中表现出了实业家的身份认同。例如，张瑞敏也认为海尔的业务发展对客户和社会具有重大的意义，他曾表示："我们希望像日本、欧洲一些著名的家电品牌一样，在全世界得到认同，海尔在世界各地成为一个当地人都喜欢的品牌，能够对当地人生活质量的提高有所帮助。也希望海尔不但能推动社会的发展，而且对环保也能起到一个很好的作用。"京东方的王东升在被问到为什么如苦行僧一般地执着于"显示梦"时说："若想成为一家受人尊敬的企业，不能只尽力于'独善其身'，还要尽责于'兼济天下'，更要尽心于'经世济民'。所以我们以'产业报国'作为产业人的本分。"隆基的李振国在接受采访时也提到"隆基一直没有把高增长作为过去这么多年的目标。做正确的事，是我们真正坚持的"。

2019年3月10日，习近平总书记在参加十三届全国人大二次会议福建代表团审议时提出,"做企业、做实业不是仅仅赚几个钱的问题。实实在在,心无旁骛做实业,这是本分"。2020 年 7 月 21 日,习近平总书记在企业家座谈会上对企业家提出了几点希望,其中一点就是"优秀企业家必须对国家、对民族怀有崇高使命感和强烈责任感,把企业发展同国家繁荣、民族兴盛、人民幸福紧密结合在一起……"他以清代民初的张謇和抗战时期的卢作孚等实业家为例,鼓励当代企业家以此为典范。这都显示出企业领导者的实业家身份认同不仅有利于带领企业更好地发展,也能推动社会的进步。

五、企业家的身份认同对企业发展的影响

正确的战略选择是企业发展的根本,企业家会根据自己的身份认同来确定企业的战略选择。具有实业家身份认同的企业家也会促使员工释放自己的潜能和创造力,能够将中国传统文化培育出来的吃苦耐劳等特质释放出来,对组织更加有承诺,从而有助于构建企业的组织能力。

从任正非的讲话中可以看出,他的实业家身份认同始终影响着华为的战略选择。在全球市场上坚持"客户第一"的战略,使得华为比竞争对手更快响应客户的需求,从而获得了巨大的市场份额。华为始终以客户至上为导向,要求员工随时更改解决方案,以满足客户提出的各种需求。任正非在内部讲话时说:

> 现在我们已经走在了通信业的前沿,要决定下一步该怎么走,其实是很难的。正如一个人在茫茫的草原上,也没有北斗七星的指引,如何走出去?这二十年,我们占了很大的便宜,有人领路,阿尔卡特、爱立信、诺基亚、思科等都是我们的领路人。现在没有领路人了,就得靠我们自己来领路。领路是什么概念?就是"丹柯"。丹柯

是一个神话人物，他把自己的心掏出来，用火点燃，为后人照亮前进的路。我们也要像丹柯一样，引领通信领域前进的路。这是一个探索的过程，在过程中，因为对未来不清晰，可能会付出极大的代价。但我们肯定可以找到方向，找到照亮这个世界的路，这条路就是以客户为中心，而不是以技术为中心。①

任正非意识到强大的组织架构是战略实施的保证，因此，他不断要求华为向成功的企业学习，提升企业的组织能力：

华为坚定不移持续变革，全面学习西方公司管理。我们花了28年时间向西方学习，至今还没有打通全流程，虽然我们和其他一些公司比管理已经很好了，但和爱立信这样的国际公司相比，多了2万管理人员，每年多花40亿美元管理费用。所以我们还在不断优化组织和流程，提升内部效率。②

任正非所强调的"压强原则"以及坚定地追求组织目标也使得华为始终坚持以创新为驱动的战略。从过去的专利数据上可以看出，华为已经成为全球最大的专利持有企业之一。从任正非的讲话中也可以看出，始终加强创新与他对组织目标的坚持是密不可分的：

从创建到现在华为只做了一件事：专注于通信核心网络技术的研究与开发，始终不为其他机会所诱惑。敢于将鸡蛋放在一个篮子里，把活下去的希望全部集中到一点上。华为从创业一开始就把它的使命锁定在通信核心网络技术的研究与开发上。我们把代理销售取得的点滴利润几乎全部集中到研究小型交换机上，利用压强原则，形成局部

---

① 任正非，《以客户为中心，加大平台投入，开放合作，实现共赢——在2010年PSST体系干部大会上的讲话》，2010年8月26日。

② 任正非，《"28年只对着一个城墙口冲锋"——与任正非面对面》，新华社，2016年5月9日。

的突破，逐渐取代技术的领先和利润的扩大。技术的领先带来了机会窗利润，我们再将积累的利润又投入升级换代产品的研究开发中，如此周而复始，不断地改进和创新。今天尽管华为的实力大大地增强了，但我们仍然坚持压强原则，集中力量只投入核心网络的研发，从而形成自己的核心技术，使华为一步一步前进，逐步积累到今天的世界先进水平。

有创新就有风险，但决不能因为有风险，就不敢创新。回想起来，若不冒险，跟在别人后面，长期处于二、三流，我们将无法与跨国公司竞争，也无法获得活下去的权利。若因循守旧，也不会取得这么快的发展速度。[1]

结语：智能制造呼唤更多的实业家

实业家身份对社会及商业实践者都是宝贵的资源。有效地运营一个商业组织不仅需要确保组织内部能够很好地匹配并有效地发挥作用（Nadler & Tushman，1980），而且需要对外部环境的变化保持警惕（Katz & Kahn，1966）。因此，企业领导者必须不断识别组织内外部变化所带来的挑战，并提出应对策略。在当前复杂动荡的环境中，实业家身份认同使得企业领导者保持足够的警觉性，并坚定不移地达成组织目标，这不仅有助于企业绩效的持续增长，同时也有助于企业发展强大的组织能力。

从本书中七家企业的案例可以看出，企业要想在动荡的环境中保持竞争优势，并且获得持续不断的增长，就需要不断地进行创新与变革。2020年7月21日，习近平总书记在企业家座谈会上的讲话指出"企业家要做创新发展的探索者、组织者、引领者，勇于推动生产组织创新、技术创新、

---

[1] 任正非，《创新是华为发展的不竭动力》，《华为人》第107期第1版，2000年7月20日。

市场创新，重视技术研发和人力资本投入，有效调动员工创造力，努力把企业打造成为强大的创新主体，在困境中实现凤凰涅槃、浴火重生"。企业领导者的实业家身份认同使得企业家们更愿意投身于创新活动。随着中国制造业转型升级战略的逐步推出，智能制造成为中国现代先进制造业的发展方向。中国企业只有不断增强自我创新的能力，中国才能实现2035年进入创新型国家前列的目标。

参考文献

耿新，张体勤，2010．企业家社会资本对组织动态能力的影响：以组织宽裕为调节变量［J］．管理世界，14（6）：109-121．

BURKE P J, 1991. Identity processes and social stress [J]. American sociological review, 56: 836-849.

BURKE P, & STETS J, 1999. Trust and commitment through self-verification [J]. Social psychology quarterly, 62 (4): 347-366.

BURKE P J & TULLY J C, 1977. The measurement of role identity [J]. Social forces, 55 (4): 881-897.

CARDON M S, WINCENT J, SINGH J, & DRNOVSEK M, 2009. The nature and experience of entrepreneurial passion [J]. Academy of management review, 34 (3): 511-532.

DAMANPOUR F, & GOPALAKRISHNAN S, 2001. The dynamics of the adoption of product and process innovations in organizations [J]. Journal of management studies, 38 (1): 45-65.

FREESE L, & BURKE P J, 1994. Persons, identities, and social interaction [J]. Advances in group processes, 11: 1-24.

GILBERT C G, 2005. Unbundling the structure of inertia: resource versus routine rigidity [J]. Academy of management journal, 48 (5): 741-763.

HAMBRICK D, & MASON P, 1984. Upper echelons: the organization as a reflection of its top managers [J]. Academy of management review, 9 (2): 193-206.

KATZ D, & KAHN R, 1966. Social psychology of organizations [M]. New York: John Wiley & Sons.

LUO Y, & TUNG R, 2007. International expansion of emerging market enterprises: a springboard perspective [J]. Journal of international business, 38 (4): 481-498.

NADLER D A, & TUSHMAN M L, 1980. A model for diagnosing organizational behavior [J]. Organizational dynamics, 9 (2): 35-51.

QUIGLEY T J, & HAMBRICK D C, 2015. Has the "CEO effect" increased in recent decades? a new explanation for the great rise in America's attention to corporate leaders [J]. Strategic management journal, 36 (6): 821-830.

SCHUMPETER J A, 1934. The theory of economic development: an inquiry into profits, capital, credit, interest, and the business cycle [M]. New Brunswick (U.S.A.) and London (U.K.): Transaction Publishers.

STRYKER S, 1980. Symbolic interactionism: a social structural version [M]. Menlo Park, CA: Benjamin/Cummings Publishing Company.